Dans la TÊTE et les BASKETS de MARINE LELEU

Photographies © Jean-François Chavanne, à l'exception des suivantes :

p. 17, p. 39 © Damien Menu ; p. 20, p. 25, p. 47 © MyProtein / Louie Oe Bailey ;
p. 28 © Thibaud Delapart ; p. 107, © MarathonFoto ; p. 108 © Yoann Rochette

Maquillage : Vanessa Bellini

Maquillage photo de couverture : Mathilde Mendes

La maison d'édition tient à remercier chaleureusement HealthCity La Fontainte
et la piscine Molitor ainsi que leurs équipes pour leur accueil
et Giant Notre-Dame pour le prêt de matériel.

MARINE LELEU

avec la collaboration de Chloé Tedaldi

Dans la TÊTE et les BASKETS de MARINE LELEU

MARABOUT

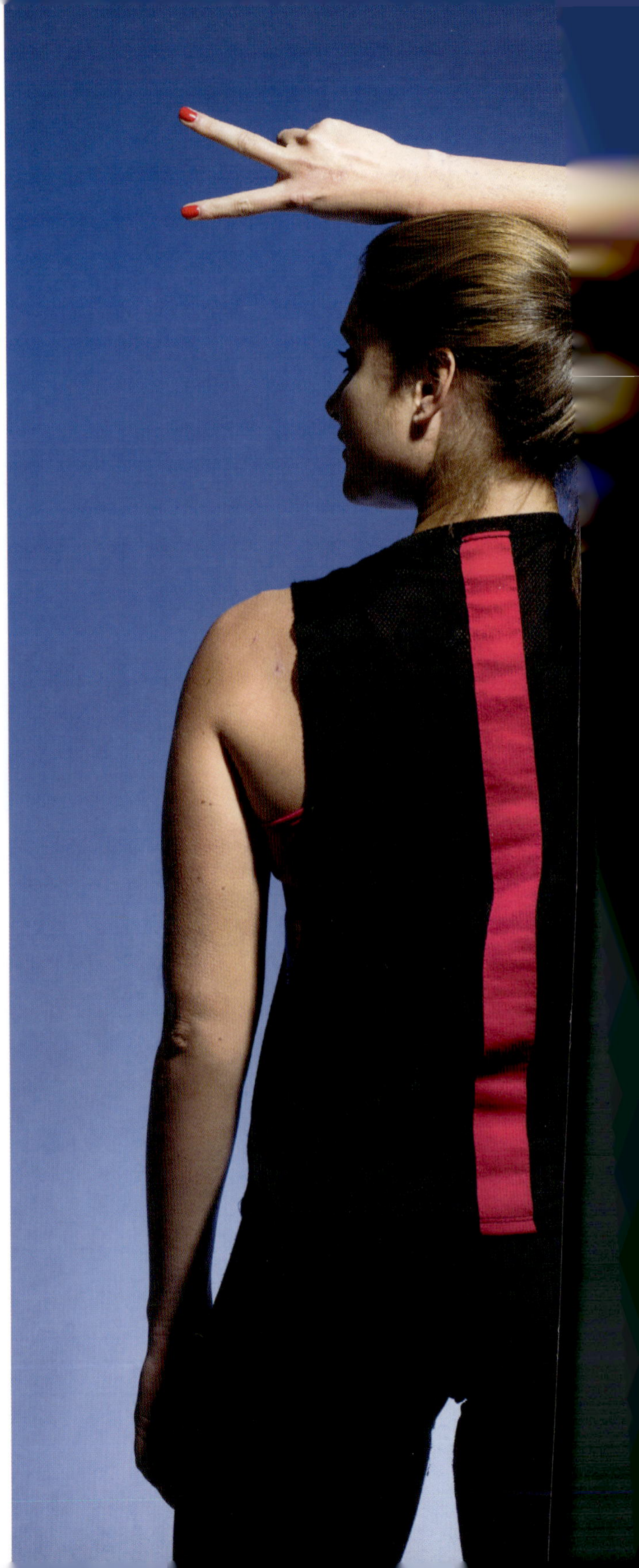

Écrire un livre… D'abord une belle surprise et un honneur. Et puis des réflexions, du travail, du temps et encore des réflexions. Quelques galères, des doutes, des insatisfactions. Une grande envie de partage et de vérité. Des centaines de mots posés, effacés, repensés, réécrits… Un manuscrit, enfin. Et beaucoup de bonheur.

Quand on m'a proposé ce projet, ça a d'abord été une surprise, un honneur. Partager avec vous mes conseils, mon histoire, mes hauts, mes bas, mes espoirs et mes doutes, c'était la promesse d'une aventure intimidante mais tellement excitante…

Petit à petit, le projet s'est concrétisé et j'ai beaucoup réfléchi. J'avais envie de me livrer et de vous raconter qui j'étais, sans filtre. J'ai l'habitude de partager des photos et des vidéos… Pour une fois, j'allais me servir des mots. Pour aller plus loin, pour me mettre à nu, pour vous révéler mes failles et pour vous confier mes rêves. Vous raconter mes fiertés, mon passé, mes histoires d'amour et d'amitié, mes peurs, mes plus grands projets… C'est donc là l'objectif de la première partie de ce livre. Être vraie et me dévoiler, en toute intimité.

J'avais aussi des conseils sportifs à partager, des petits enseignements sans prétention, tirés de mes expériences de course, de triathlon ou d'entraînement. Des coups de pouce destinés à ceux qui veulent se lancer, qui souhaiteraient tester le vélo, commencer à courir, s'inscrire à la salle, ou se plonger dans la pratique de la natation… Ceux qui souvent n'osent pas sauter le pas, ceux qui me posent tous les jours des questions sur les réseaux sociaux auxquelles je ne peux pas toujours répondre. De quoi écrire une deuxième partie ; des fiches techniques, des « pense-bête » pour sportifs débutants curieux d'en savoir plus.

Enfin, il y avait la question des programmes sportifs. Je sais que beaucoup d'entre vous cherchent des plans d'entraînement tout faits, qui vous aideront à atteindre vos objectifs sans avoir à investir dans un suivi personnalisé. Mais ce travail, il ne me ressemble pas et d'autres savent le faire bien mieux que moi. En tant que coach, j'ai pris l'habitude de concocter des programmes différents selon les personnalités de chacun de mes clients et j'ai de plus en plus de mal à créer des plans d'entraînement collectif. Alors j'ai décidé de vous donner des clés : dans la troisième partie, vous trouverez des exercices de renforcement musculaire expliqués pas à pas. Testez-les, trouvez ceux qui vous plaisent, ceux qui vous emmènent loin de votre zone de confort, ceux qui vous challengent. Apprenez à écouter votre corps et puis vos sensations, à observer les résultats, et peu à peu, vous parviendrez à construire vous-même votre propre programme. Celui qui vous convient à vous, et seulement à vous.

Ce livre, il m'a aussi obligée à sortir de ma propre zone de confort. Car pour l'illustrer, il a fallu poser devant l'objectif, à une période où mon corps ne m'appartenait plus vraiment. Une blessure, deux mois d'arrêt, quelques kilos en plus et des muscles effacés. C'était si difficile d'être confrontée à ce reflet, de ne pas me reconnaître, de me désavouer. Mais l'objectif de ce projet, c'était aussi de ne rien cacher. D'accepter de montrer mes hauts, et de montrer mes bas.

Ce livre, c'est surtout un concentré de passion made in Leleu : j'y ai mis tout mon cœur, pour vous rappeler que le sport, c'est la vie. Du bonheur, des sensations, du partage... Et le moyen d'échanger, d'avancer, de se rapprocher, d'oublier ses soucis, de se sentir vivants. Seul avec soi-même et tous ensemble à la fois.

Alors me voilà comme je suis, comme j'étais,
ou comme je serai à nouveau à des périodes données.
Me voilà, sans filtre.

DANS LA TÊTE DE MARINE LELEU

Apprendre à croire en soi

7 novembre 2015, 6 h du matin, plage de Panama City. J'observe les centaines d'autres triathlètes qui attendent comme moi que soit donné le départ de l'Ironman 140.6 de Floride. Je fixe l'océan et je pense à ce qui m'attend... Je pense à l'effort, à la chaleur, à la souffrance musculaire et à la douleur mentale, à l'ennui parfois, à la soif, à la fatigue, à l'émotion. Je pense à la ligne d'arrivée aussi. Et je sais avec certitude que dans près de quinze heures, cette ligne d'arrivée, je la franchirai. Pour la première fois au départ d'une course je le sais, je le sens, je me fais confiance.

Ce n'est pas de l'orgueil, pas de la prétention. Parce qu'à ce moment-là debout face à l'océan, j'ai peur aussi. Non, je suis terrorisée. Dans la foule venue nous supporter, je cherche mes parents. Je distingue ma maman au loin, je lui fais des grands signes mais elle ne me voit pas. Je me faufile au milieu de la foule de bonnets de bain qui nous sépare, je me fraie un chemin, je joue des coudes, je lutte pour me rapprocher d'elle au maximum. Elle est de plus en plus proche, mais elle ne me voit toujours pas. Alors je me retourne vers l'océan et je me retrouve seule avec moi-même.

Mes amis Thomas et Juju prennent le départ avec moi à quelques mètres de là, mes parents sont à mes côtés, ma famille me soutient et j'ai reçu des centaines de messages d'encouragement d'abonnés. Mais à quelques minutes du coup d'envoi, face à l'ampleur de la tâche qui m'attend, je suis livrée à moi-même. J'enfile mes lunettes de natation et elles se remplissent de larmes. Un flot de larmes que je n'essaie même pas de retenir, elles sont pleines de tout. De peur, de courage, de détermination, d'excitation, de joie aussi. D'amour. Et de confiance en moi. Je me le répète encore : je sais avec certitude que dans près de quinze heures, cette ligne d'arrivée, je la franchirai.

Comment y croire ? Comment s'estimer capable d'une telle force physique, sinon mentale ? Comment décider un jour qu'on le vaut bien et se faire confiance pour aller au bout de ses défis les plus fous ?

Comment décider un jour qu'on le vaut bien et se faire confiance pour aller au bout de ses défis les plus fous ?

On pourrait peut-être penser que c'est simple pour moi d'y croire. Des lignes d'arrivée j'en ai franchi plus d'une... Et pourtant, cette certitude que je suis capable de soulever des montagnes, elle est loin d'être inscrite en moi.

Enfant, j'étais cette petite tête blonde timide, confortablement effacée entre un grand frère au caractère affirmé et une petite sœur pleine d'énergie et de malice. Je fuyais les disputes, et j'ai grandi sans faire trop de bruit, calme, discrète et pas franchement farouche. Adolescente, je suis devenue l'élève un peu quelconque, ni très brillante ni très mauvaise, la collégienne maigrichonne complexée par son appareil dentaire. Pas vraiment l'idole des garçons. À mes 16 ans, il y a bien eu Quentin le judoka mignon de la classe d'à côté qui, à la surprise générale, m'a manifesté un peu d'intérêt. C'était l'une des premières fois que j'avais l'impression d'exister.

Je ne me distinguais pas particulièrement non plus par le sport. J'aimais bien ça et j'ai commencé la natation synchronisée à haut niveau. Mais, là encore, j'étais plutôt du genre réservé, souvent désignée sur le banc des remplaçantes. « Marine, tu n'es pas dans le rythme ! », « Marine, plus d'énergie dans tes mouvements ! », « Marine, tu es en retard sur les autres ».

«
Ma confiance en moi
s'est développée
petit à petit.
»

On est loin de la Marine déterminée qui fixe l'océan de Panama City Beach plusieurs années plus tard, et qui sait qu'elle va tout faire pour y arriver. Comme un muscle, ma confiance en moi s'est développée petit à petit et j'y travaille encore chaque jour.

Il y a eu le jour où je suis arrivée major de ma promo de l'IRSS, il y a eu le premier cours collectif que j'ai donné à demi-mot. Il y a eu le moment où je suis montée sur la première marche du podium au MudDay de Rennes, il y a eu les messages de remerciement de mes premiers clients...

Et puis il y a eu mon premier marathon. Celui de Berlin, en septembre 2014. Je m'y étais inscrite pour prouver à mes amis que j'en étais capable. Moi-même je n'en étais pas vraiment sûre... Le jour J, je me sentais toute petite et j'aurais peut-être fait demi-tour si Juju, Thomas, Carmen, François, Sylvette et Abder n'avaient pas été là avec moi, face à la ligne de départ. Quand le coup d'envoi a été donné, on est partis ensemble et j'ai senti mes jambes un peu hésitantes. Puis, au fur et à mesure que les kilomètres défilaient, elles ont repris confiance. J'observais les autres coureurs, les supporters, les musiciens. Je me nourrissais de cette ambiance extraordinaire et de cette sensation unique de vivre quelque chose de grand. Je volais, comme portée par la force de ce moment. À cet instant, j'ai su que je voulais passer le reste de mon existence à éprouver cette énergie, cette puissance, et cette rage de vivre. À cet instant, j'ai su que je ne m'arrêterais jamais de courir après la vie. 3 h 42 de bonheur et de souffrance... Aujourd'hui encore, le marathon de Berlin reste un de mes meilleurs temps sur cette distance.

En relevant ce défi, je pensais prouver à mes amis ma force... 42,195 km plus tard, je m'étais prouvé à moi-même tellement plus que ça.

Ce sentiment unique d'avoir accompli l'impossible, je ne m'en suis plus jamais lassée. Alors j'ai continué... D'autres marathons, des Ironman 70.3, des sorties de 30 km de course à pied à 5 heures du matin... jusqu'à l'Ironman 140.6 de Vichy, que je ne pensais pas terminer ; 3,8 km de natation, 180 km de vélo et 42 km de course à pied à enchaîner d'une traite... C'était loin d'être gagné d'avance ! Mais là encore, la ligne d'arrivée m'attendait.

Bref, il y a donc eu des jours comme ça que je n'aurais jamais cru pouvoir affronter avec succès. Et qui ont fait que peu à peu, je me suis tenue un peu plus droite, j'ai parlé un peu plus fort. J'ai compris que derrière la peur se cachait un sentiment bien plus précieux. Et j'ai progressivement appris à croire en moi.

Parallèlement, il y a eu ma naissance et mon évolution sur les réseaux sociaux. L'histoire de ma confiance en moi est largement liée à celle de mon alter ego virtuel, cette @marinlle qui fait partie de ma vie depuis avril 2014. Parler de ses progressions et de ses doutes, faire des rencontres et partager, être confrontée aux témoignages d'amour et aux critiques sans pitié… Tout ça a largement contribué à redéfinir ma relation de moi à moi.

Je ne suis pas une « fitgirl », et je ne l'ai jamais été.

Mes premières photos, je les postais pour rentrer dans le moule, faire comme d'autres comptes fitness que j'admirais, quitte à ne pas être tout à fait vraie. Je ne dévoilais qu'une partie de moi-même. Le regard des autres m'effrayait autant qu'il me flattait… Je n'étais pas très sûre de plaire au naturel.

Car je ne suis pas une « fitgirl », et je ne l'ai jamais été. D'autres filles incarnent cet idéal avec talent et j'aime beaucoup leurs univers… Le mien est un peu différent. Ni fitgirl, ni athlète, ni influenceuse, juste une sportive passionnée qui court après la vie avec le sourire. Je ne partage pas les photos de mes assiettes, je ne me maquille presque jamais et je suis en leggings sept jours sur sept… J'ai vite fini par assumer mes différences, quoi qu'on en dise. Et puis tout s'est accéléré.

Ma communauté a grandi, les premiers commentaires positifs (« Tu es superbelle », « Tu me motives trop, bravo pour ce que tu fais »…) m'ont aidée à affronter les autres (« Tu es trop musclée », « pas féminine »…). Mais jamais je n'ai laissé le nombre de likes ou d'abonnés me définir. Grâce à eux, j'ai appris à m'affirmer, j'ai progressé dans ma façon de m'exprimer et d'interagir en société… Mais face au miroir, face aux haltères, ou face aux kilomètres qui défilent, c'est face à moi seule que je me retrouve.

Voilà comment j'ai fini par croire en moi. Comme tout le monde, je traverse parfois des moments de doute. Devant la ligne de départ je suis toujours terrifiée. Mais aujourd'hui, je sais de quoi je suis capable, et j'ai confiance.

Mes hauts, mes bas

Oui, je souris souvent, je sautille partout, je chante dans ma tête, je danse au réveil... Bref, oui, je suis le plus souvent de bonne humeur. Certains pensent que c'est pour de faux, pour l'image, pour les réseaux, pourtant je considère honnêtement qu'au quotidien, sur une échelle de 1 à 10, j'ai un moral moyen de 9... Et si par hasard je sens qu'il descend sous les 8, alors j'enfile tout de suite mes baskets, je vais m'entraîner, je pars évacuer les pensées négatives et transpirer les soucis.

Oui, des baisses de moral, des humeurs noires, des jours « sans », des découragements parfois, j'en ai aussi... Mais je n'en fais pas trop état sur les réseaux sociaux. J'aime partager ma joie, ma légèreté, mon envie de sourire chaque matin en me levant... Car sans jamais faire semblant, c'est cette sensation de bonheur qui m'anime majoritairement au quotidien, cette soif de profiter de tous les jours et cette avidité de vivre qui l'emportent sur tout le reste.

Parfois, je perds un peu de motivation et je n'ai pas envie de m'entraîner, parfois, je ne mange pas très bien et ça réveille des angoisses fantômes. Parfois, je doute de mes capacités, j'ai peur de voir trop grand, je tremble de décevoir. Parfois, le moral est à 2, à 5, à 3. Alors lorsqu'il m'arrive de ne pas avoir envie de sourire, je ne me force pas, je ne joue pas la comédie. J'insinue, je suggère, je glisse quelques sous-entendus, je me fais juste un peu plus rare... ou je ne poste rien tout simplement. Car loin de moi l'envie de faire semblant, de donner l'illusion virtuelle que la vie est parfaite et qu'il n'y a aucune faille. Mes photos, c'est sans maquillage, sans filtre, et sans mensonges... Alors mon moral à 2, à 5, à 3, je l'évoque de temps en temps mais sans lui donner plus d'importance qu'il n'en mérite.

Quoi qu'on en dise, dans ces moments-là, ai-je vraiment le droit de me plaindre publiquement ? Je vis de ma passion, je m'enrichis chaque jour d'expériences nouvelles, je suis entourée de gens que j'aime et je suis soutenue par une communauté extraordinaire. J'ai de la chance, je ne l'oublie pas. Et il faut dire que si l'on me prend à larmoyer sur mon sort, on aura vite fait de me remettre à ma place. C'est d'ailleurs arrivé une fois...

En janvier 2017, j'ai attrapé une grippe ravageuse, un virus comme jamais je n'en avais connu. J'ai perdu la notion du temps, le contrôle de mon corps et toute énergie vitale. En bonus, j'ai aussi gagné l'interdiction médicale formelle de participer à l'Ironman 70.3 de Dubaï prévu la semaine suivante. Ce jour-là, déçue et exténuée, j'ai fait part de mon chagrin en vidéo. Et les réactions ne se sont pas faites attendre. « Sèche tes larmes et arrête ton cinéma »... J'ai très vite été assaillie de commentaires furieux et sans ménagement me rappelant que, dans la vie, il y a des choses bien plus graves. Mal m'en avait pris d'avoir partagé un moment de faiblesse sans filtre, on ne m'y reprendrait plus.

Et puis c'est vrai, après tout, ma vie tourne avant tout autour du sport bonheur et de la bonne humeur : courir avec le sourire et dire bonjour aux gens, se surprendre à soulever plus de poids que la veille et rayonner toute la journée de cette petite victoire, découvrir des paysages toujours plus beaux à vélo et en prendre plein les yeux, vivre l'effort avec les autres, se soutenir, être fiers. Des bonheurs simples qui valent le coup d'être vécus. Alors autant en profiter pour diffuser au maximum cette joie de vivre et de bouger, en essayant au passage d'en contaminer certains... C'est contagieux un sourire, et c'est si bon de partager tout ça en photo ou en vidéo, ce bonheur sans nom à la fin d'un marathon, cette excitation angoissée au départ d'un Ironman, ces larmes de joie incontrôlables à l'arrivée. Se raconter avec entrain ses courses, ses triomphes, ses projets. Se faire découvrir mutuellement de nouvelles

« Ma vie tourne avant tout autour du sport bonheur et de la bonne humeur. »

disciplines, de nouvelles distances, de nouveaux défis. Discuter du plaisir de bouger, de se challenger, de se dépasser… de vivre. C'est tellement beau pour ça les réseaux sociaux !

C'est pourquoi mes jours « sans », je n'en fais généralement pas trop état publiquement. D'abord parce qu'ils sont plutôt rares, et puis tout simplement parce que je préfère véhiculer des émotions positives. La Marine soucieuse qui fronce un peu les sourcils, courbe l'échine et verse quelques larmes, j'en parle vaguement de temps en temps lorsqu'elle décide de pointer le bout son nez. Mais le visage de cette Marine-là, il est plutôt méconnu et il a tendance à intriguer. « Comment fais-tu pour être toujours de si bonne humeur ? Il t'arrive forcément de craquer parfois ? » Eh bien cette Marine soucieuse qui crispe un peu son sourire, il n'y a pas meilleur moment pour vous en parler qu'aujourd'hui.

Parce qu'aujourd'hui, alors que j'écris ce chapitre de mon histoire, je sors de l'hôpital et j'ai mal. J'ai mal à la tête, incapable de chasser les folles images qui tournent en boucle depuis jeudi, et je revois sans cesse cette voiture en furie qui surgit de nulle part en fonçant droit sur moi. J'ai mal à l'épaule, la gauche, celle qui, alors, a amorti le choc quand j'ai atterri au sol avant de perdre connaissance. J'ai mal à l'estomac quand j'imagine le long chemin de rééducation qui m'attend, les progrès récents déjà perdus, et tout ce qu'il faudra reconstruire. J'ai mal au cœur aussi, quand je pense à tous ces projets que je vais devoir reconsidérer, à commencer par l'Ironman de Nice qui aura lieu dans trois jours… Et dire que ma valise était déjà prête !

À cet instant précis, alors que j'écris ce chapitre de mon histoire, juste après l'accident, mon moral moyen n'est pas à 9, non. Il est tantôt à 5 quand je sens le contrecoup de l'anesthésie générale qui m'affaiblit encore de temps à autre, quand je n'arrive même pas à m'attacher les cheveux moi-même parce que je n'ai pour l'instant qu'un seul bras disponible, quand je passe de longues journées à m'occuper des démarches administratives complexes relatives à l'accident. Il est parfois à 2, quand je revis la scène au ralenti, quand je revois l'inquiétude dans les yeux de ma maman accourue quelques heures plus tard à l'hôpital, quand une douleur lancinante à l'épaule me réveille encore la nuit. D'autres fois il est à 7 quand je lis les messages de soutien que je reçois par centaines, quand je comprends que j'ai échappé au pire et que je suis debout, tout simplement... Et je sais que lorsque vous lirez ces lignes, ces soucis seront déjà bien loin derrière moi.

Hier après l'opération, après la douleur, la peur, la tristesse et les doutes, je me suis sentie mieux. J'ai vu mes parents, mon frère, ma sœur, François, Carmen, Abder, et tous les autres. J'ai soufflé, j'ai parlé, je me suis levée, j'ai ri, j'ai recommencé à y croire... J'ai retrouvé un 9. J'ai voulu capturer cette lueur d'espoir et de sérénité pour la poster enfin sur les réseaux sociaux. La vague de soutien qui en a résulté m'a submergée d'émotions, j'étais de nouveau moi, heureuse et pleine d'espoir. Capable d'ignorer certains commentaires moins gracieux qui me reprochaient de sourire encore, de sourire bien, de sourire trop ; qui auraient sûrement préféré me voir dévastée.

Après la douleur, la peur, la tristesse et les doutes, je me suis sentie mieux.

Mais je reviens de loin. J'ai connu pire. Un jour, il y a quelques années je me suis réveillée et j'ai décidé de vivre. Alors je le sais d'expérience, j'ai ce feu en moi, cette capacité de trébucher et de me relever, de recommencer mieux, de revenir plus forte. On l'a tous. Même si c'est dur et que le chemin paraît impossible à affronter parfois, je sais qu'il suffit de puiser au plus profond de soi pour trouver la lumière.

Les jours plus difficiles que d'autres, je me souviens de ça, je retrouve cette certitude que je vais me battre et que tout ira bien. Et je recommence à sourire souvent, à sautiller partout, à chanter dans ma tête, à danser au réveil. À retrouver un 9 et à croquer la vie à pleines dents, sans regarder en arrière, imperturbable. Des hauts, des bas, des hauts, des bas... une vie en forme d'électrocardiogramme, une image si belle qui donne envie d'y croire et qui fait battre le cœur, toujours plus fort.

À quoi je pense quand je fais du sport ?

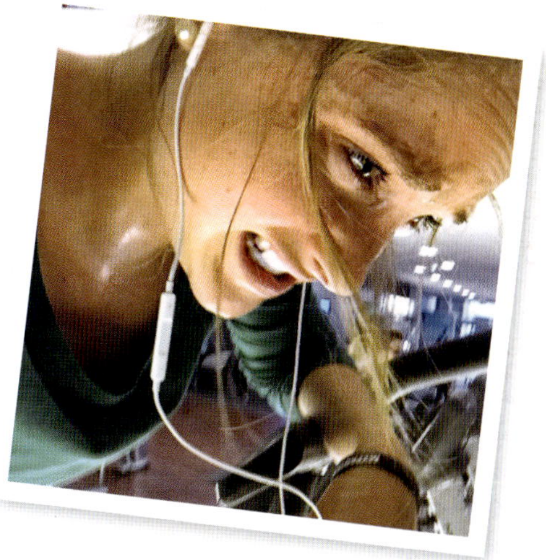

Pour moi, le sport, c'est parfois juste un entraînement de trente minutes improvisé, pour me défouler ou me changer les idées. Parfois, c'est une matinée entière passée sur un vélo, quelques heures de course à pied, ou une demi-journée à s'entraîner dans l'eau. D'autres fois, c'est encore le coup d'envoi d'une course donné à l'aube, plus de treize heures d'effort en continu et une ligne d'arrivée franchie au coucher du soleil… Ma vie est donc un enchaînement de moments, petits ou grands, passés en tête à tête avec moi-même, avec mon corps, avec mes muscles et avec mes pensées.

Face à tant d'heures de mise à l'épreuve, certains se demandent comment mon corps résiste, comment mes muscles réagissent, comment je gère la douleur physique. D'autres s'interrogent simplement sur ce qu'il se passe dans ma tête…

Alors je me suis moi aussi posé la question. Il y a quelques jours, j'ai participé à une course de 25 km en eau libre ; sept heures d'effort aquatique à faire le tour d'un lac, sept heures à battre des pieds et faire tourner les bras. Sept heures avec pour seule compagnie quelques poissons asociaux, pour seule musique le bruit sourd de l'eau, et pour seul spectacle un fond vaseux sans fioriture. Personne à qui parler, personne à observer, pas de paysage pour me changer les idées, rien à écouter… Bref, des pensées brutes de toute distraction et l'occasion parfaite pour faire l'inventaire de tout ce qui peut me passer par la tête quand je m'entraîne.

Ma vie est donc un enchaînement de moments, petits ou grands, passés en tête à tête avec moi-même, avec mon corps, avec mes muscles et avec mes pensées.

Après le coup de sifflet, après le top départ, après le « pfff allez courage, c'est parti », il y a d'abord toujours une première phase de concentration : je pars pleine de bonnes résolutions, et je réfléchis à mes mouvements, à mes postures ou à ma respiration. Quand je nage, je me répète en boucle les conseils de Magali, mon entraîneuse et bonne étoile. « Marine, la tête dans l'axe ! », « Marine, les hanches fixes ! », « Marine, cherche plus de glisse dans l'eau ! » À vélo, je me focalise sur le parcours, les voitures, la cadence, les ravitaillements. En sortie running, je me force à rester droite, à m'aider de mes bras, à bien dérouler ma foulée. Bref, les premiers kilomètres, je sors ma casquette de coach et de sportive sérieuse. Pour autant, je ne calcule jamais mes temps, je ne regarde jamais ma montre, mais j'écoute mon corps, j'analyse mes sensations et je pense à la technique.

Une fois que j'ai trouvé mon rythme, que mes mouvements ont pris leurs automatismes et que, disons-le bien, j'en ai déjà marre de me concentrer sur la théorie… alors il est temps de divaguer. La deuxième phase commence : je m'égare, je rêvasse, je pense à tout et à n'importe quoi. Mon corps est en pilotage automatique, les muscles font leur boulot, le cœur est régulier, la douleur est grossière, le froid, le chaud, la faim ne se manifestent pas encore.

Bref, c'est l'heure d'en profiter pour disparaître. Hors de l'espace et hors du temps. Je réfléchis à la liste de courses à faire en rentrant le soir, je note avec colère que je n'ai pas lancé la machine à laver avant de partir, je pense à mon programme du lendemain... Et puis je chante dans ma tête, il me vient des idées loufoques pour mes prochaines vidéos, je discute avec moi-même, parfois je me fais rire... Ou sinon je débranche, je ne pense plus à rien, je regarde les paysages, les poissons, le ciel. Je profite d'être seule au monde avec mon corps et puis avec les éléments, avec l'eau, avec l'air ou avec la terre.

Ce moment en tête à tête avec moi-même, il est certes privilégié, mais il n'est pas éternel. Il faut bien l'avouer, au bout d'un moment, le temps commence à se faire long. Les sensations sont encore bonnes, je ne suis ni prisonnière de la soif, ni de la douleur, ni de la température. Mais je commence à m'enfermer dans l'ennui... L'heure est venue de s'occuper ! Alors, la créativité devient mon principal complice et toutes les idées qui peuvent faire passer le temps sont bonnes à prendre. En course à pied, je m'arrange toujours pour avoir une manucure semi-permanente en fin de vie. Durée pour décaper un vernis à ongles tenace tout en continuant à courir : 50 minutes... Avant de partir à vélo, je prépare toujours des sandwichs piégés dans plusieurs couches de papier aluminium. Durée pour déballer mon repas avec une seule main : 25 minutes... En natation, je joue au petit bac, toujours plus imaginative (« un animal qui commence par la lettre A, l'Albatros ; par B, le Bernard-l'hermite ; par C, le Cochon d'Inde ; par D, le Dauphin... »). Durée pour revisiter le dictionnaire : 30 minutes... Bref, je passe le temps, j'attire mon attention ailleurs, je cherche la distraction.

Et puis, aux environs des deux tiers de la course, la réalité me rattrape et mon corps se réveille. La douleur finit par pointer le bout de son nez, la respiration commence à s'épuiser, les muscles se mettent à tirer... C'est le moment tant redouté, celui pour lequel on travaille toute l'année... La ligne d'arrivée est encore loin, il reste ce qui me semble être une éternité d'effort, la lumière au bout du tunnel apparaît comme totalement hors de portée, et pourtant

le corps commence déjà à abandonner. C'est le temps des choses sérieuses, le temps du mental, le temps de se dépasser.... Au début c'est le déni, je fais semblant de ne pas entendre les premiers signaux de détresse, je crois que je peux repousser l'échéance. Alors je remets ma casquette de coach, je pense à la technique, mais les conseils raisonnables se perdent dans ma tête. J'essaie d'imaginer ma prochaine collection de chaussettes, mais impossible de se concentrer. Je cherche un animal en O pour compléter ma collection alphabétique, mais le cœur n'y est pas. Les cuisses brûlent de plus en plus, les forces s'amenuisent, le corps se crispe, le système nerveux grille. Impossible de nier l'évidence, c'est l'heure de puiser au plus profond de moi.

Quoi qu'il en soit, le sport, c'est se donner la chance de se découvrir, de se dévoiler et surtout de s'aimer.

Alors mon regard se fronce, le sourire habituel s'efface, et la tête prend le relais. Je sors la liste de ce qui me rend plus forte et je me nourris de tout ça. Je pense à mes parents, leur amour, leur fierté, leurs sacrifices. Je pense à mon passé, l'hôpital, mes batailles, ma renaissance. Je pense à mes entraînements, mon travail, mon parcours, mes progrès. Je pense à mes amis, à leur regard plein de fierté quand j'aurai terminé, à leurs cris de soutien que je connais par cœur et que je me fredonne, à eux qui croient en moi si fort. Je pense à mes abonnés, mes promesses, mes engagements, les gens qui comptent sur moi. Je pense à mes limites, beaucoup plus résistantes que mon corps veut bien me le faire croire. Bref, je souffle, je souffre mais je ne me soumets jamais. Au fond de moi, je sais que je peux y arriver et je m'accroche à cette certitude.

Et puis les dernières minutes, je survis. J'entre dans la dernière étape... À mieux y réfléchir, c'est certainement la plus simple finalement ; celle où je peux voir de loin le bout du tunnel tant attendu, celle où j'entends les cris (imaginaires ou non) des supporters sur le bas-côté, celle où je regarde avec insistance la ligne d'arrivée qui semble s'éloigner encore et toujours. Pourtant, à ce moment-là je le sais, je ne suis plus qu'à quelques mètres de tous mes objectifs. Je peux toucher mes rêves du bout des doigts, je devine d'ici ce sentiment unique d'accomplissement qui flotte déjà dans l'air. Ces dernières minutes d'effort, je ne sens plus mon corps… le moteur carbure comme par magie et les jambes avancent seules. Ce qui me porte à cet instant c'est le bonheur, la fierté, l'euphorie de la fin. Dans un film, ce serait le moment où la scène tournerait au ralenti, où un air classique et majestueux retentirait avec force, où mon menton se relèverait, où une larme tomberait doucement sur ma joue. Et où je passerais la ligne d'arrivée, exténuée mais triomphante. Il faut dire que la vie est encore plus jolie qu'un film parfois…

Bref, chacun a sa vision du sport. Différentes phases qui passent et qui repassent et qui nous font vivre toujours plus d'émotions contradictoires. Et quand on court, quand on nage, quand on roule, qu'on s'essouffle ou qu'on se dépasse, on peut donc penser, on peut jouer, on peut créer, on peut chanter. Ou on peut faire le vide aussi. À chacun son moment… Quoi qu'il en soit, le sport, c'est tour à tour l'assurance de se retrouver, l'occasion de passer des moments privilégiés avec soi-même, l'opportunité d'apprendre sur soi, de se challenger, de se dépasser. Quoi qu'il en soit, le sport, c'est se donner la chance de se découvrir, de se dévoiler et surtout de s'aimer.

Mon entourage

« **C**omment fais-tu pour concilier ton mode de vie et ta vie sociale ? Gérer tes relations ? Tes amis ? Tes amours ? Ta famille ? »

Ces questions, on me les pose décidément très régulièrement. Il y a quelques mois j'y répondais sur ma chaîne YouTube : « *Il faut que je vous le dise, je n'ai tout simplement pas beaucoup de vie sociale ni beaucoup d'amis. Je ne sors pas, je me couche tôt le soir, je vais très rarement au restaurant, je ne vais jamais au cinéma. Mon temps libre, je le passe à m'entraîner ou à récupérer. Certains trouveront sûrement que c'est triste, pas moi. Mon bonheur je le trouve avant tout dans le sport. Aujourd'hui c'est ce qui me rend heureuse et épanouie.* »

Tout est là. Je ne suis pas une athlète et pourtant je dois bien le reconnaître, ce quotidien de sportive insatiable suppose certains sacrifices qui ont eu raison de quelques amitiés passées. Comme d'autres qui se plaisent à lire un bon livre, jouer du piano, flâner en terrasse ou bronzer sur la plage, moi aussi j'ai une passion. J'aime l'effort, la détermination et le dépassement de soi ; j'aime défier mes limites, travailler mon mental et multiplier les sensations. Et s'il faut adopter un mode de vie exigeant pour exercer cette passion, je n'y réfléchis pas à deux fois ! Je me couche tôt, je ne bois pas, je m'isole parfois car je n'ai pas beaucoup de temps pour tout le reste... et j'aime ça. Exigeant ne veut pas forcément dire contraignant.

Tout est là, tout est juste dans ce résumé sommaire de ma vie sociale, et pourtant ça semble si froid dit comme ça ! Si éloigné de ma réalité et si ingrat face à la tonne d'amour que je reçois de la part de mon entourage au quotidien.

Car si « je n'ai pas beaucoup de vie sociale ni beaucoup d'amis », je suis loin d'être seule. Comme tout le monde, ma vie est faite de rencontres, des gens qu'on croise et qui changent votre destin, certains qui passent, d'autres qui restent. Et puis des amitiés se tissent et des histoires s'écrivent, la famille s'agrandit : en plus de celle que l'on a déjà, on s'en fabrique une autre. Aujourd'hui, ils sont quelques-uns à faire battre mon cœur plus fort que tous les entraînements du monde. Ils sont un peu mon jardin secret et j'en parle rarement sur les réseaux, pourtant ils me portent et me font avancer un peu plus chaque jour.

Dans ce petit cercle, il y a d'abord ma famille bien sûr. Depuis toute petite, je sais que je peux compter sur eux et je leur dois tout. Ils m'ont connue fragile ou résistante, tremblante ou déterminée, soucieuse ou euphorique, ils ont accepté mes échecs, pardonné mes erreurs, soutenu mes ambitions, applaudi mes triomphes. Ils ont toujours été là même quand j'ai mis à mal leur équilibre et leur tranquillité, et sans eux je ne serais rien.

Il y a d'abord mon père, ce héros. Sportif, drôle, passionné, brillant et indépendant, il est mon premier modèle. Il travaille beaucoup, et gère un poste à hautes responsabilités dans une grande entreprise. Quand il n'est pas au bureau ou en déplacement, il va sur la côte Atlantique faire du surf ou du kite et emporte toujours avec lui sa caméra. Il a même sa propre chaîne YouTube sur laquelle il poste ses vidéos, ce que je trouve aussi amusant qu'attendrissant ! Ma mère aussi est un modèle. Une maman. Celle que l'on appelle dès qu'on a quelque chose sur le cœur, à qui on raconte ses doutes, ses inquiétudes, ses contrariétés et qui sait toujours trouver les mots. Comme quand on avait un bobo à l'école et que seuls ses câlins pouvaient nous consoler. Elle est douce, attentive, intelligente et elle a su mener d'une main de maître une belle carrière de commerciale, tout en étant toujours présente pour ses trois enfants. Quand je cours un Ironman et que mon mental commence à faiblir, c'est surtout à eux que je pense et ça m'aide à ne jamais rien lâcher.

Ensuite, il y a ma petite sœur Coline que j'admire par bien des aspects : elle est belle, élégante, équilibrée, étudiante émérite, sportive à ses heures, et mon grand frère Sébastien avec qui j'adore m'entraîner en musculation. Brillant lui aussi, il est curieux, sensible aux autres, déterminé, il sait ce qu'il veut et se donne toujours les moyens de réussir. Il y a aussi mes grands-parents, qui me donnent beaucoup d'amour, me suivent sur tous mes réseaux et sont mes premiers fans.

« Comme tout le monde, ma vie est faite de rencontres. »

Et puis il y a mes autres familles, celles qui ne m'ont pas vue naître mais qui ont permis à une autre partie de moi de voir le jour.

Il y a ceux avec qui je partage ma passion du sport : ce sont eux qui sont à l'origine de mon premier marathon et eux à qui je dois mon addiction aux Ironman. Je les ai rencontrés quand je suis arrivée à Paris : je venais d'être engagée comme coach dans la salle de sport où ils s'entraînaient. J'étais jeune, effacée, seule, pas très confiante et je ne savais pas franchement ce que je faisais là. Et pourtant un jour, ils ont assisté à un cours collectif que j'animais timidement et ils m'ont adoptée. Juju, Thomas, Charles, Marie-Laure, Abder, Chris, Sylvette, François et Carmen : ceux que l'on appelle entre nous les *Burpee lovers*. Dans ce groupe, il y a tous les âges, tous les métiers, toutes les origines, et ensemble on va plus loin, on dépasse nos limites, on souffre, on transpire, on s'encourage, on se rend fiers, on voyage pour courir le monde… mais surtout on rit sans s'arrêter. Dès que j'ai le dos tourné, ils mettent du sel dans mon verre d'eau, glissent des chaussettes sales dans mon sac de sport, saupoudrent l'intérieur de mon sèche-cheveux avec de la farine, ferment ma valise avec un cadenas dont ils ne me donnent pas le code, et tellement d'autres choses encore…

En 2013, Carmen et François s'entraînaient pour le marathon de New York et ils m'ont dit : « Si on passe la ligne d'arrivée, tu en fais un avec nous l'année prochaine. » Et c'est ainsi que six mois plus tard je courais avec eux mes premiers 42,195 km… Premiers d'une longue série ! En 2014, Juju a dit « Et pourquoi pas un Ironman ? » Et c'est ainsi que six mois plus tard je courais, nageais et pédalais avec eux mes premiers 226 km. Là encore ce n'étaient pas les derniers… Depuis, on part ensemble à Chicago, à Nice, à Vichy, à Aix-en-Provence, à Majorque, à Dubaï… pour relever toujours plus de défis, et on se fabrique des souvenirs qu'on n'est pas près d'oublier. Ils connaissent Marine bien plus qu'ils ne connaissent @marinlle, et ils se moquent toujours de moi quand je sors ma caméra, quand je raconte mon quotidien sur les réseaux et quand on me reconnaît dans la rue. Pour eux, je resterai toujours cette coach frêle et hésitante qu'ils ont prise sous leurs ailes il y a quelques années et qu'ils ont vu grandir, musculairement, mentalement, spirituellement.

Ensuite il y a Éric, qui représente beaucoup pour moi. Lui est entré dans ma vie grâce à Instagram et il a même été l'un des premiers à croire en @marinlle, quand mes réseaux commençaient doucement à progresser. Il est à l'origine de mon premier contrat de sponsoring et ma communauté ne serait pas ce qu'elle est s'il n'avait pas été là. Pourtant très vite, il ne s'est plus agi seulement d'une relation professionnelle et une magnifique complicité est née. On se raconte régulièrement nos vies, nos rêves, nos doutes, et avec lui aussi on rit sans fin. J'ai découvert un homme drôle, toujours à l'écoute, attentionné et qui ne se prend pas au sérieux. Depuis il est devenu un mentor, un grand frère, un confident.

Et puis il y a mes autres familles, celles qui ne m'ont pas vu naître mais qui ont permis à une autre partie de moi de voir le jour.

Enfin il y a Chloé, celle qu'on ne voit jamais sur mes réseaux mais qui est partout, toujours avec moi. Une rencontre par hasard à une période où nous étions toutes les deux un peu perdues, et le sentiment de s'être toujours connues. Cette même envie farouche de vivre à mille à l'heure, d'aller au bout de nos rêves, de ne pas se donner de fausses excuses… Une amie unique, une sœur, mais aussi mon manager, mon associée. J'aime sa générosité, son écoute, son attention aux gens qui l'entourent. Son chat aussi. J'aime qu'elle tienne à rester dans l'ombre, et cette règle absolue qu'elle m'impose de ne jamais apparaître sur mes réseaux ou dans mes vidéos. J'ai en elle une confiance infinie et elle me connaît mieux que personne.

Il y en a d'autres que je pourrais citer, qui font de moi celle que je suis aujourd'hui et rendent ma vie encore plus jolie. Magali, entraîneur en natation qui m'aide

« je suis entourée
de gens extraordinaires,
qui m'aiment comme
je suis et m'encouragent
à faire passer
ma passion avant tout. »

à atteindre mes objectifs les plus fous avec une générosité inouïe et des conseils de maman ; Thibaud, qui fort de ses millions d'abonnés sur YouTube reste celui qu'il a toujours été, me fait rire et partage avec moi une passion pour la discipline et le dépassement de soi (pour le riz/dinde aussi) ; mes amis d'enfance que je perds parfois de vue mais qui ne sont qu'à portée d'un coup de fil ; Sabine qui rend le monde un peu plus beau de par son engagement associatif et me permet d'y contribuer à toute petite échelle… Et tant d'autres encore.

Car il y a les gens qui passent aussi, des relations qui n'ont duré qu'un temps mais qui ont marqué certains moments de ma vie. Des hommes que j'ai aimés et que je n'oublierai pas. Qui m'ont appris, donné, soutenue voire bouleversée. Mais dont nos chemins n'ont fait que se croiser… Car vivre avec moi c'est aussi parfois passer en second, après mes entraînements, ne pas avoir un calendrier social très chargé et savoir l'accepter ; c'est faire des sacrifices que tous ne sont pas capables d'envisager. C'est aussi pour cette raison qu'aujourd'hui, mon unique amour c'est le sport, mon seul indispensable… Je suis amoureuse de mes projets de course, de mes plans d'entraînement ou de rééducation, de mes muscles qui souffrent et de mon corps qui progresse. Et on verra plus tard pour le reste…

Alors quel est donc mon secret pour concilier ce mode de vie et ma vie sociale, mes amis, ma famille, mes amours ? J'ajouterai seulement ceci : je suis entourée de gens extraordinaires, qui m'aiment comme je suis et m'encouragent à faire passer ma passion avant tout. Et sans eux, il n'y aurait rien.

Ma période noire

Je n'en parle pas souvent mais je ne l'ai jamais caché, ma détermination je la dois à mon passé. Ma bonne humeur naturelle, ma rage d'avancer toujours plus loin, mon énergie débordante et mon envie de vivre à cent à l'heure ; en vérité, tous ces traits de caractère, je les dois à mon passé.

On a tous connu des épreuves, des petites piques lancées par la vie et des moments de détresse. Certains plus que d'autres. Chaque personnalité réagit à sa façon mais en général, la vie fait qu'on se relève, qu'on cicatrise et qu'on continue à avancer. Marqué à jamais.

En tant que rescapé, on n'oublie jamais, mais on revient grandi et un peu plus invincible.

Ma petite pique à moi, ce fut l'anorexie.

Aujourd'hui, les troubles du comportement alimentaire, on en entend parler à tort et à travers. Les compulsions, les restrictions, l'hyperphagie, l'obsession des calories, les crises de boulimie ou d'anorexie sont de réelles souffrances que de nombreux individus ne connaissent que trop bien. Et que beaucoup ne peuvent pas comprendre. Dévorer un paquet de gâteaux sans pouvoir s'arrêter, angoisser à l'idée de manger une pizza, ne penser qu'à sa ligne, à ses menus et à la nourriture partout et tout le temps… Petits tourments ou grands tracas, la force de ces troubles varie d'une personne à une autre mais quoi qu'il en soit, je sais combien ces maladies sont compliquées à gérer.

Les manifestations des troubles alimentaires peuvent être plus ou moins violentes. Pour moi, elles ont fini par prendre un tournant dramatique.

Cette période, je ne l'ai presque jamais racontée. Je ne sais pas bien poser des mots dessus, et même si elle fait partie de moi et de ce que je suis devenue aujourd'hui, je ne m'y attarde jamais vraiment. Quel intérêt ? Cette période, elle m'appartient.

Et pourtant, derrière ces images noires se cache un message d'espoir. Un message pour tous ceux qui luttent et pensent qu'ils ne s'en sortiront jamais. Un message pour tous les parents qui vivent le cauchemar de voir leurs enfants se détruire et qui ont peur. Une preuve vivante qu'il existe une issue. Une si belle issue.

Alors même si cette période m'appartient, mon témoignage, il peut servir à ça… À leur donner envie d'y croire. À VOUS donner envie d'y croire.

Mon anorexie, je n'ai jamais vraiment compris d'où elle venait. Enfant, j'ai été chouchoutée, entourée d'amour et d'attention, j'étais effacée mais heureuse, et je n'ai jamais vécu de traumatisme. Pourtant au début de l'adolescence, les troubles alimentaires ont pointé le bout de leur nez.

Il y a eu les premiers mensonges innocents, quelques repas sautés. Il y a eu les premiers kilos perdus, ceux dont on ne se soucie pas trop. Il y a eu les premiers vomissements, les jours entiers passés sans manger, la satisfaction d'avoir faim, d'être vide. Il y a eu d'autres kilos perdus. Il y a eu les premières réflexions, les premiers regards insistants, les os saillants qui dérangeaient. Il y a eu la prise de conscience de mon entourage, l'inquiétude, puis l'affolement.

Et puis il y a eu l'hôpital. Ce moment où je me suis débattue, où j'ai crié, j'ai supplié pour ne pas y aller. Mes parents qui auraient tout fait pour m'épargner les infirmières, les piqûres et les médecins… mais qui voulaient me sauver la vie avant tout. Il y a eu les repas imposés, les perfusions à gogo. Il y a eu les astuces que je trouvais pour détourner l'attention et pour maigrir encore. Il y a eu d'autres mensonges. Il y a eu les progrès et puis les rechutes. Il y a eu des moments d'espoir et des moments de doute. Il y a eu des sorties d'hôpital, des crises de boulimie, des vomissements. Des retours à la case départ.

Il y a eu les soirs où mon corps trop faible et privé d'énergie était transi de froid, réfugié sous des dizaines de couvertures. Il y a eu les jours où je dormais sans arrêt. Il y a eu des mois sans voir mes parents. Il y a eu tous ces moments

en famille, ces voyages, ces anniversaires dont je ne peux pas témoigner parce que je les ai manqués. Seule sur mon lit d'hôpital, pendant qu'eux ne pouvaient pas tout à fait profiter. Pendant qu'eux s'inquiétaient. Il y a eu la souffrance de ma mère, de mon père, de mon frère, de ma sœur, et de tant d'autres autour de moi.

Mais à côté de tout ça, il y a eu des amitiés qui se sont créées. D'autres qui vivaient la même chose que moi et qui me comprenaient. Il y a eu des infirmières bienveillantes, des clins d'œil. Des petits mots d'encouragement, qui vous touchent et qu'on n'oublie jamais. Des petits pas vers l'avant. Il y a eu cette fresque, pleine de couleurs et de vie, que j'ai dessinée sur le mur de l'hôpital, et qui y est encore aujourd'hui. Il y a eu des prises de conscience, des progrès, de l'espoir.

Et puis un jour, quelques mois plus tard, il y a eu le déclic.

Je ne sais pas pourquoi, je me suis réveillée et puis j'ai décidé de vivre.

Depuis, la route a été longue et pas toujours facile, mais il y a eu tellement d'autres choses qui m'ont confirmé que vivre, ce n'était pas se sentir vide et fragile... Alors malgré les hauts et les bas, je n'ai plus jamais regardé en arrière.

J'avais raté un an de lycée, mais j'ai réussi à décrocher mon bac, comme un coup de pouce du destin. J'ai décidé de tenter ma chance, d'exister, de me construire. J'ai retrouvé le goût du sport, la force de la détermination, la satisfaction de se dépasser. J'ai décroché un diplôme, je me suis sentie valorisée et reconnue. J'ai rencontré des gens qui m'ont encouragée. Il y a eu la musculation, qui m'a aidée à devenir plus forte, à retrouver des sensations, à me sentir fière, et à relever la tête. Plus tard, il y a eu les défis, de plus en plus gros et puis il y a eu les réseaux sociaux.

Aujourd'hui, il y a parfois des angoisses fantômes qui ressurgissent, des repas qui m'inquiètent, des réflexes de l'ancien temps. Je crois que c'est une façon inconsciente de me souvenir. De me rappeler que tout est possible et que je reviens de loin. Alors je mange des fraises Tagada en souriant.

Depuis, il y a eu tellement de choses qui m'ont éloignée de ce lit d'hôpital en faisant battre mon cœur chaque jour un peu plus fort...

Rien n'est jamais perdu, et cette rage de vivre, elle est en chacun de vous. Alors croyez-y.

« Je me suis réveillée et puis j'ai décidé de vivre. »

L'argent, le business & moi

L'argent, je n'y pense presque jamais.

Je sais que c'est ce qu'on dit pour faire bien, par peur de déplaire ou par pudeur, surtout quand comme moi on a fait de sa passion son métier. Pourtant c'est bien vrai… Je gère mes coachings, mes réseaux sociaux, une marque à mon nom, des entraînements quotidiens et des compétitions régulières, mais je ne suis pas une business woman. Tous les jours, je cours après mes rêves, après les expériences, après le bonheur, après mes objectifs mais je n'ai jamais couru après l'argent.

Non, l'argent je n'y pense presque jamais. Peut-être parce que je ne suis pas du tout dépensière ou peut-être parce que j'ai eu la chance de ne jamais manquer de rien. Peut-être parce que très tôt, mes parents (privilégiés mais pas vraiment matérialistes) m'ont appris la joie de se dépenser, plutôt que celle de dépenser… Peut-être simplement parce que j'ai vécu certaines épreuves qui me rappellent que le bonheur ne tient pas au solde de mon PEL.

Mais si l'argent semble être un sujet tabou, particulièrement lorsqu'il s'agit des réseaux sociaux, je n'ai pas peur de dire qu'aujourd'hui je vis simplement, tout en gagnant ma vie correctement. Et si mon compte en banque vous intéresse, laissez-moi vous en dire plus avec une totale transparence.

Je le répète depuis plusieurs mois sans relâche, je ne suis ni YouTubeuse, ni influenceuse, ni athlète professionnelle… Je suis coach sportive. C'est mon métier ; celui que j'ai choisi, celui pour lequel j'ai été formée et celui qui constitue aujourd'hui ma principale source de revenus. Je me lève à 4 h 30 tous les matins pour entraîner des particuliers, des clients que je suis souvent depuis plusieurs années et qui pour la plupart ne savent même pas que je suis présente sur les réseaux sociaux. Je les accompagne dans leur training, je les aide à atteindre leurs objectifs et je leur apprends à dépasser leurs limites. Un travail fascinant, qui me permet au quotidien d'encourager tout type de profil à vivre cette passion du sport que j'aime tant partager.

Je ne suis ni YouTubeuse, ni influenceuse, ni athlète professionnelle… Je suis coach sportive.

Une fois les frais déduits, cette activité me rapporte à peu près un smic mensuel et me permet principalement de payer mon loyer parisien, mes factures de téléphone, d'électricité, d'internet, et mes courses alimentaires pour le mois. En vérité, je pourrais faire le choix de gagner plus en recrutant davantage de clients, mais je préfère garder du temps libre pour mes entraînements, mes réseaux et mes autres occupations. Il faut dire que je n'ai pas besoin de beaucoup plus d'argent au quotidien ; je n'ai pas d'enfant, je ne fais jamais de shopping, je m'habille en tenue de sport tous les jours et les principaux outils nécessaires pour exercer ma passion, ce sont mes jambes !

Mais malgré mon mode de vie simple et mes passe-temps plutôt économiques, je rêve de pouvoir courir le monde… Et ça coûte cher ! Alors dans mes dépenses, il y a aussi les inscriptions aux courses, les billets d'avion et tous les frais inhérents aux déplacements. Ces derniers temps j'ai participé à des compétitions un peu partout en France, mais aussi en Floride, à Chicago, à Genève, à Majorque, à Dubaï… Et pour me permettre de prendre mes jambes à mon cou d'un hémisphère à un autre, j'ai besoin d'un budget très important… Il faut savoir que l'inscription à un Ironman 140.6 coûte en moyenne 600 €, ce à quoi il faut ajouter au moins les frais d'hébergement et de déplacement. Comptez donc environ 1 000 € pour l'Ironman de Nice, et jusqu'à 2 500 € pour l'Ironman de Floride. Un sacré budget… Et c'est là que mes sponsors interviennent.

On confond souvent les partenariats (ou placements de produit) avec les sponsors. Les premiers sont courants chez les influenceurs, tandis que les seconds sont plus fréquents chez les athlètes professionnels. Comme je ne

suis ni l'un ni l'autre, il est légitime de se poser la question sur la nature de mes contrats avec les marques.

En réalité, je refuse presque systématiquement les placements de produit, de peur de devenir un panneau publicitaire. Or, depuis que ma visibilité sur Instagram et sur YouTube s'est accrue, je reçois moi aussi une dizaine de mails par jour me proposant des partenariats de toute sorte, pour mettre en avant divers produits en échange de rémunération. Enseignes de cosmétiques, d'alimentation, de high-tech, de grande distribution… j'ai même été sollicitée pour communiquer sur une collection de sextoys ! Et même si je suis très reconnaissante face à cette déferlante de propositions et à l'intérêt commercial des marques à mon égard, il est rare que j'y réponde favorablement. J'ai fait deux ou trois exceptions lorsqu'il s'agissait de produits que je consommais réellement au quotidien ou que l'on m'a proposé des projets à forte valeur ajoutée pour ma chaîne YouTube.

Je refuse presque systématiquement les placements de produit, de peur de devenir un panneau publicitaire.

En revanche, deux marques m'accompagnent sérieusement depuis plusieurs mois, plutôt sur le principe du sponsoring. Elles m'aident notamment à financer les inscriptions aux différentes courses, prennent en charge une partie des déplacements et me fournissent parfois du matériel, des compléments ou des vêtements. Je touche régulièrement des cachets ou des commissions sur les ventes, ce qui me permet d'étoffer confortablement mon salaire de coach. C'est ce qui paie le reste des frais liés aux compétitions et mes petits plaisirs ponctuels : des paires de Nike, des noix de cajou ou mes vacances d'été. De mon côté, je n'ai pas de véritable obligation en contrepartie… Évidemment, leurs produits sont souvent visibles sur mes photos Instagram ou dans mes vidéos puisque je les porte au quotidien ; je cite souvent le nom de leur marque publiquement pour les remercier, et eux relaient des photos de moi en tant qu'« ambassadrice »… C'est le principe du sponsoring et de la communication ! En aucun cas je ne « m'oblige » à porter ce qu'on m'envoie, à faire un gros plan sur un logo, à mettre en avant une nouveauté, etc.

Ces deux marques sont leaders sur leurs marchés respectifs grâce à la qualité de leurs offres, c'est pour cette raison que j'ai accepté d'associer mon image à la leur et que je porte leurs produits quotidiennement.

Puis, il y a les revenus bonus, plus irréguliers et très variables. Ou les activités qui ne me rapportent presque rien contrairement à ce que tout le monde pourrait penser.

Ainsi, les retombées financières dues à YouTube sont par exemple quasi nulles et ce, volontairement. La plupart du temps en effet, je ne monétise pas mes vidéos. Un choix parfois incompris et qui a plutôt tendance à étonner... Mais je monte mes vidéos de façon tout à fait amatrice, et je les poste pour le simple plaisir de partager mes aventures. J'ai aussi envie de choisir des bandes-son qui me plaisent sans me soucier des droits d'auteur et je ne souhaite pas imposer des publicités intempestives à mes abonnés. Je respecte tout à fait ceux qui le font, mais je le répète : eux sont des YouTubeurs... Pas moi !

Ces derniers mois, il est vrai que je me suis beaucoup enrichie. Mais surtout d'expériences, qui n'ont vraiment pas de prix...

Il y a aussi ma marque, qui malgré son succès ne m'a pour l'instant jamais rapporté d'argent. Moi j'essaie de m'amuser, de partager de la bonne humeur et de fixer des prix bas. Mais la production française majoritaire ne me le permet pas toujours... Alors les bénéfices augmentent doucement, et plutôt que d'en profiter j'ai choisi de les réinvestir dans le développement de nouvelles collections, dans l'achat de stocks, dans la location d'un local pour la logistique, etc. Je laisse tout ça dans les mains de Chloé, c'est trop « business » à mon goût... Bref, tout ce projet coûte cher et je n'ai pas les moyens personnels d'investir. Alors je le laisse s'autofinancer grâce à ma communauté qui soutient mes créations et en attendant qu'il grandisse pas à pas, je m'amuse à développer des collections à mon image, pour le fun plus que pour le gain. J'en profiterai peut-être dans quelques années, en attendant, l'expérience est enrichissante autrement !

Ce qui me permet d'économiser pour mes aventures sportives à venir, ce sont d'autres projets ponctuels et variés : l'édition de mon livre, le tournage de conseils sportifs commandé par un grand groupe de presse, les droits à l'image pour une vidéo sur la course à pied, etc. Ces économies, je ne compte pas les investir dans du fantaisiste ou dans du superflu. Ces petits bonus bienvenus, je les garde précieusement pour financer le projet qui me tient éveillée la nuit depuis plusieurs mois (rendez-vous page 59 pour en savoir plus !). Ils paieront mon inscription, mes entraîneurs, l'organisation et les déplacements inhérents à cette folle entreprise...

L'argent, je n'y pense presque jamais. Des coachings, les réseaux sociaux, une marque à mon nom, des entraînements quotidiens, des compétitions régulières... Ces derniers mois, il est vrai que je me suis beaucoup enrichie. Mais surtout d'expériences, de sensations, de relations, et de tant d'autres choses qui n'ont vraiment pas de prix...

Mon futur dans 10 ans

Aujourd'hui, mon futur c'est juin 2018, une échéance, une destination (voir page 59 sur l'Enduroman). Ne me parlez pas à plus long terme, je ne vois pas plus loin que cette date-là.

En réalité, professionnellement comme personnellement, je n'ai jamais regardé très loin devant moi. Je prends les choses comme elles viennent, je m'adapte aux circonstances, je profite de chaque nouvelle journée pour m'entraîner, pour travailler, pour filmer, et ce sans forcément penser à demain. J'aime me donner les moyens, travailler sans relâche, ne jamais baisser les bras et saisir le maximum d'opportunités que m'offre le destin. J'aime me laisser surprendre par la vie, par des rencontres inattendues, par des opportunités imprévues, par des obstacles qui viennent barrer mon chemin. Je change de trajectoire souvent, en fonction du courant, je suis la route, je rebondis, je m'adapte, je prends du plaisir à traverser monts et marées… Et ce, chaque jour selon ce qui m'attend, sans jamais regarder en arrière.

Je n'avais jamais prévu de percer un peu sur les réseaux ; par hasard j'ai commencé à poster des photos de mon quotidien de sportive, pour le plaisir de partager, et ça a marché. Je n'aurais jamais cru pouvoir courir un marathon, encore moins participer à un Ironman ; puis mes drôles d'amis m'ont mis en tête ces idées folles et c'est devenu ma vie. Quand je suis arrivée à Paris, seule, frêle et discrète, j'étais loin de me douter qu'un jour je me raconterais dans un livre ; et puis me voici en train de retranscrire par écrit les pages de ma vie. Non, je n'ai jamais eu d'idée précise de ce que je souhaitais pour la suite : j'ai toujours rêvé de bonheur, de sensations, d'expériences... Quelle que soit la forme que tout cela prendrait.

Mes seuls vrais objectifs, ce sont des courses. Des échéances qui me donnent une motivation supplémentaire pour me dépasser, qui me mettent des étoiles dans les yeux pendant plusieurs mois, qui m'animent et m'aident à devenir plus forte et à me rapprocher chaque jour un peu plus d'une nouvelle ligne d'arrivée. J'y pense six mois, un an, voire exceptionnellement deux ans à l'avance, mais je ne regarde jamais plus loin.

Non, je ne me suis jamais vraiment posé la question de mon projet de vie. Mon avenir sportif, mon développement sur les réseaux sociaux, une grande carrière, des voyages, un mari, des enfants... Je n'en sais rien, j'ai confiance en la vie et puis on verra bien. Alors quand on me demande « comment te vois-tu dans dix ans ? », je donne toujours la même réponse, simple mais essentielle : je me vois heureuse, simplement.

Comment se faire une idée de tout ce qu'il peut se passer en une décennie ? Plus de 3 600 jours et autant de pages blanches à écrire, de chances à saisir, d'imprévus à surmonter... En 1998, je grandissais en Martinique, petite tête blonde très calme et insouciante toujours à barboter dans l'océan. En 2008, j'étais prisonnière d'un lit d'hôpital, têtue, frêle et isolée du monde. En 2018, j'ai plus d'une quinzaine d'Ironman et de marathons à mon actif et je partage ma passion au quotidien avec des centaines de milliers d'abonnés... Qui sait de quoi demain sera fait ? Alors quand j'imagine 2028, je rêve de bonheur et puis c'est tout. On verra bien ce que cela veut dire le temps venu... Je n'ai jamais cherché la performance, ni la célébrité, ni l'argent. Ces dix prochaines années, je veux courir tout simplement. À travers les chemins, les expériences, les sensations, les surprises... Oui, voilà ce qui me sert de projet de vie, d'objectifs et d'ambitions aujourd'hui.

Ils croient que je ne les entends pas : « Avec tous ces chocs, tu n'auras plus de genoux dans dix ans », « Tu en fais trop, c'est dangereux pour la santé »,

« Mes seuls vrais objectifs, ce sont des courses. »

« YouTube ce n'est pas éternel », « Quand tout s'arrêtera, c'est la dépression assurée », « Des défis toujours plus grands, et jusqu'où ? » Des remarques souvent soulevées par des abonnés plus ou moins bienveillants. Et à ceux qui s'inquiètent sincèrement pour mon avenir, qu'ils ne se soucient de rien, je n'ai pas attendu que l'on me dise tout ça pour prendre conscience des risques que j'encours.

Devrais-je pour autant me refréner de vivre entièrement ? Et passer ainsi à côté de ces moments uniques, ces lignes d'arrivée, ces fiertés, ces instants extraordinaires de plénitude physique et mentale, tout ceci sous prétexte que chaque médaille pourrait avoir un revers ? Ce n'est pas ma vision de la vie. Je veux croire que l'on peut toujours avancer vers ses objectifs, en s'adaptant aux circonstances, en modifiant sa trajectoire si nécessaire, en réajustant ses ambitions. Je veux croire que chaque âge a ses plaisirs, qu'il faut savoir en profiter, que ça ne sert à rien de regarder en arrière, et que si nos rêves ne restent pas figés ils ne se transformeront jamais en cauchemar.

Ce qui m'anime et me donne envie de me lever chaque matin, ce sont les défis. Toujours plus grands, toujours plus fous. S'amuser, s'étonner, travailler, se dépasser, progresser... et un jour y arriver. Je vous souhaite de connaître souvent ces longs processus et ces bonheurs sans nom. « On ne peut pas être sportif de haut niveau toute sa vie », me disent certains. Mais un défi ce n'est pas forcément un dossard, ni une course, ni un objectif athlétique... et moi de toute façon, sportive de haut niveau je ne l'ai jamais été. Si je ne peux plus courir alors je marcherai. Si je ne peux plus nager alors je flotterai. Si dans quelques années, de tristes circonstances viennent m'empêcher de continuer le sport au quotidien, alors croyez-moi, des défis qui me tiennent éveillée la nuit, j'en trouverai d'autres.

Professionnellement, je continue à explorer des chemins. J'apprends encore et toujours, que ce soit dans l'accompagnement sportif et le coaching, le développement stratégique d'une marque, la communication, le montage vidéo, les contrats, la comptabilité, et bien d'autres choses encore. Moi qui ne me serais jamais imaginée gérer un business, j'y prends goût un peu plus chaque jour. Et la marge de progression est grande, ma zone de confort est souvent mise à mal, c'est beaucoup de travail, de questionnements, de risques. Et je n'ai aucune idée de l'endroit où tout ceci me mènera...

Dans l'intimité, il y a de vrais défis qui m'attendent aussi. Peut-être les plus délicats : ceux qui engagent d'autres vies que la mienne. Prendre la responsabilité de ne plus avancer seule, concilier vie de couple et journées bien chargées, réorganiser mes priorités, dompter mon indépendance et apprendre à m'assagir, pour pouvoir construire le temps venu une vie de famille équilibrée. Mais chaque chose en son temps...

Professionnellement, je continue à explorer des chemins.

Cette vision du futur, des objectifs, des projets, ce n'est pas de la sagesse. Je ne la prône absolument pas, je ne considère pas que tout le monde devrait l'adopter, bien au contraire. Elle n'est d'ailleurs pas très adaptée aux tendances actuelles et je le respecte tout à fait. Chacun a sa manière d'avancer, certains aiment suivre un chemin tout tracé qui peut leur indiquer la direction à emprunter, puis les mener loin, vers la vie dont ils rêvent depuis l'enfance. Et tant mieux. Cette vision du futur, c'est juste mon *Carpe Diem* à moi, que j'ai revisité, testé et approuvé. Rendez-vous donc en juin 2018 pour envisager une suite à mon histoire.

L'Enduroman

Depuis près d'un an, je vous parle de ma folle idée, de mon grand projet, et ce sans jamais le citer... Je vous donne des indices, je vous suggère l'ampleur du défi, je vous raconte mes nouveaux entraînements toujours plus difficiles. Mon quotidien s'adapte, et mon corps aussi. Les obstacles se multiplient (blessure, financement, désapprobations) mais je reste déterminée.

Eh bien ma folle idée, la voici.

Cette course de ma vie, c'est l'Enduroman, un triathlon XXL qui relie Londres à Paris. Deux capitales séparées par près de 470 kilomètres de parcours, par une multitude de routes et de paysages différents... Et puis par une mer. Pour rejoindre ces deux villes, on met cinq heures de voiture, deux heures d'Eurostar, 50 minutes d'avion... ou plus d'une centaine d'heures de course, de nage et de vélo. Deux pays, deux langues, deux monnaies, deux fuseaux horaires mais un seul objectif.

Cette course de ma vie, c'est l'Enduroman, un triathlon XXL qui relie Londres à Paris.

L'Enduroman, c'est un périple qui relie deux monuments historiques ; une ligne de départ sous le Marble Arch londonien et une ligne d'arrivée sous l'Arc de Triomphe parisien... Qui pour moi n'aura jamais si bien porté son nom. C'est un voyage effréné entre deux capitales mythiques et un départ en solo pour trois folles étapes. Coup d'envoi au cœur de Londres, 140 km de course à pied jusqu'à Douvres, près de 40 km pour traverser la Manche en natation jusqu'à Calais, et 290 km de vélo pour rejoindre Paris. Tout au long du parcours, on se repose quelques minutes par-ci par-là pour ménager un peu son corps, et puis on repart de plus belle. Pendant près de cent heures, on affronte la fatigue musculaire, la température de l'eau, les courants, les aléas météo ; on enchaîne les foulées, les battements de bras, les coups de pédale... On sollicite toute sa force et on dépasse ses limites les plus folles.

Vous comprenez pourquoi ce projet, je ne pouvais pas passer à côté...

Alors mon objectif, c'est d'abord de tout faire pour être prête à prendre le départ, prévu en juin 2018 : une rééducation intensive de plusieurs mois suite à mon accident et mon opération de l'épaule, un planning sportif exigeant qui ne laisse que peu de place au reste, et des sacrifices financiers, professionnels et personnels. Un peu d'angoisse, de questionnements et de doutes, mais beaucoup d'envie, de détermination et d'obstination. Pour l'instant, mon objectif c'est donc la ligne de départ.

Ensuite, et seulement ensuite, il sera temps de viser la ligne d'arrivée... Que seules vingt-six personnes ont franchi à ce jour depuis la création de la course en 2001. Parmi elles, on compte sept femmes : Rachael, Michelle S, Michelle R, Judith, Rachel He, Johanne, Rachel Hi. Des modèles de détermination qui sont allés là où personne ne les attendait... Et une liste de prénoms auxquels je rêve d'ajouter le mien.

L'Enduroman, ce n'est pas une course comme les autres. Pour des raisons de sécurité et d'organisation, il n'y a pas de coup d'envoi collectif. La ligne de départ, c'est donc seul qu'on la franchit... Et l'ensemble des épreuves, on les court donc seul aussi. Pas de compétition, d'entraide, d'atmosphère entraînante, d'échange et de partage. Juste une course de l'extrême arbitrée par une équipe officielle, mais que l'on vit avec soi-même et personne d'autre. Une mise à l'épreuve supplémentaire pour le mental, une expérience unique pour moi qui adore être portée par l'ambiance collective des courses officielles.

Les départs s'enchaînent sur les mois d'été, de juin à août. Tous les ans, ce sont donc quatre ou cinq athlètes qui se lancent chacun à son tour, à quinze jours d'intervalle, pour la course de leur vie. Et moi, chaque année, je les suis avec excitation et admiration. Toutes les heures, l'organisation donne des nouvelles

« Mon objectif, c'est d'abord de tout faire pour être prête à prendre le départ, prévu en juin 2018. »

sur son compte Twitter : elle parle de leurs avancées, de leurs ressentis, de leurs formes, de leurs temps officiels, des ravitaillements. On voit les photos, les sourires, les gouttes de transpiration, les moments difficiles. C'est fort et fascinant… C'est le summum du dépassement de soi, de l'effort intense, l'aboutissement de plusieurs mois d'entraînement acharné, de sacrifices, d'espoirs et de confiance. C'est le sport dans tous ses états.

Oui, vous comprenez pourquoi ce projet, je ne pouvais pas passer à côté…

Et puis en pleine saison 2017 de l'Enduroman, alors que mon inscription était déjà finalisée et ma date de départ déjà planifiée pour 2018, j'ai eu un accident. Les jours précédents, je m'y voyais déjà ; je comptais les semaines, je me mettais à la place des sportifs qui prenaient le départ, je passais mon temps sur le compte Twitter de l'Enduroman, et je me répétais que la prochaine, ce serait moi. Mais du jour au lendemain j'ai dû reconsidérer mes projets. Une blessure, une immobilisation forcée, l'arrêt des entraînements, une longue rééducation… Et des médecins qui doutaient de ma capacité à retrouver un niveau sportif suffisant d'ici juin 2018.

Je ne sous-estime pas l'ampleur du défi.

Mais je n'ai pas baissé les bras. Et pour continuer à y croire, j'ai suivi avec intérêt la saison 2017. Je me suis nourrie de la détermination des participants qui me précédaient, j'apprenais de leurs expériences, je m'imaginais à leur place 365 jours plus tard.

Alors en 2017, il y a d'abord eu Ludo, dossard #23, qui a couru 160 km et nagé pendant 21 heures avant de décider qu'il n'avait plus la force de continuer ; 1er abandon de la saison. Ensuite, il y a eu Anatoly, dossard #24, qui a couru lui aussi jusqu'à Douvres, mais n'a pas pu nager à cause de conditions météos jugées dangereuses ; 2e abandon de l'année. Puis il y a eu Rupert, dossard #25 qui a interrompu sa course au bout de 18 heures d'effort, car son corps ne pouvait plus suivre ; un 3e abandon. À travers eux je cherchais un peu d'espoir ; au lieu de ça, j'étais confrontée à la dure réalité et je ne savais plus très bien s'il fallait encore y croire.

Et puis il y a eu Doug, dossard #26. Sportif modèle, accompli et souriant, il partageait comme moi ce grand rêve de terminer cette course folle ; comme moi il s'est inscrit, il s'est préparé et puis il s'est lancé. Mais il y a laissé son sourire, il y a laissé sa vie. Alors qu'il était presque arrivé à Calais, après des heures de course à pied et de nage acharnées, son corps a lâché. Il ne s'est pas réveillé. Ce jour-là, j'ai pleuré et j'ai pensé à sa famille. J'ai pensé à la mienne aussi, et j'ai failli renoncer.

Mais quelques jours plus tard, il y a eu Rachel, dossard #27. Elle aussi a pris le départ avec le sourire, malgré la tragédie qui la précédait. Elle s'est lancée, elle a pris son temps, elle a fait des pauses, elle a fait des blagues et elle est arrivée à Douvres. Et puis elle a traversé la Manche doucement, sans se presser, et elle est arrivée à Calais. Sur le sol français elle a refait des pauses, elle est montée sur son vélo, elle a continué à sourire, elle a profité du paysage. Elle s'est même arrêtée dans un McDo pour déjeuner. Et elle est arrivée. Elle a terminé. Elle a relevé son défi d'une vie, et elle m'a redonné envie d'y croire.

Depuis je pense à elle, je pense à Doug. Je ne sous-estime pas l'ampleur du défi, je ne sais pas si je serai prête à prendre le départ en juin 2018, j'ai peur, je suis intimidée, et j'ai une épaule caduque mais je sais qu'il faut y croire. Alors je continue à m'entraîner, je ne perds pas de vue mes objectifs, et je vise la ligne de départ. Ensuite, et seulement ensuite, je verrai si elle me mène au triomphe.

Des rêves, et des désillusions

« **D**epuis que je te suis, je rêve de participer à un Ironman », « Je m'entraîne tous les jours depuis un an pour courir mon premier marathon », « Jamais je n'aurais cru être capable de me lancer ce défi et pourtant je l'ai fait ». Ce type de témoignages, j'en reçois tous les jours… Et c'est si beau d'aider les autres à croire en leurs rêves.

Pour moi, le sport n'a jamais rimé avec performances, records ou exploits, mais toujours avec ambitions, rêves et objectifs. Grâce au sport, j'ai connu les plus beaux moments de ma vie, les plus beaux espoirs, les plus belles fiertés, les plus belles émotions et les plus belles victoires. Grâce au sport je continue à rêver tous les jours, à me fixer des objectifs qui me font avancer au quotidien, avec motivation et détermination.

Car on a tous un défi fou qu'on espère réaliser un jour. Un Everest à gravir. Un projet sportif, professionnel ou personnel qui demande des sacrifices, de la patience et beaucoup de travail. On y pense souvent sans s'y mettre vraiment. On y pense avec exaltation et frénésie. Et puis on y pense avec peur aussi. Peur de l'engagement qu'il suppose, peur de ne pas en être capable, peur d'échouer peut-être. Bref, on le range dans un coin de sa tête, on le remet à plus tard, et on y revient de temps en temps, toujours avec envie, espoir et passion.

Ce sentiment mêlé d'ambition, d'excitation et d'angoisse, c'est devenu pour moi une addiction. Après le projet marathon en 2014, puis le défi Ironman en 2015, il m'a fallu chercher ailleurs. Chercher plus grand. Chercher plus fou. Alors j'ai épluché toutes les destinations, toutes les courses de l'extrême, j'ai lu des témoignages, j'ai regardé des reportages, j'ai fouillé les réseaux sociaux... Et puis j'ai finalement trouvé ma prochaine étape, mon Everest à moi, mon défi d'une vie. Celui qui me ressemblait le plus, celui qui semblait absurde, insensé et inaccessible, mais que j'allais tout faire pour relever un jour : l'Enduroman, ce triathlon qui relie Londres à Paris.

Pour moi, le sport n'a jamais rimé avec performances, records ou exploits, mais toujours avec ambitions, rêves et objectifs.

C'est tellement joli d'avoir un rêve. Quand il naît on hésite, on le contemple sans trop y croire, on n'ose pas s'imaginer capable de le réaliser. Mais la graine est plantée ; l'idée s'installe, elle revient de plus en plus souvent, elle mûrit, elle devient intention, objectif, puis projet. Ainsi, ma nouvelle idée s'est installée. Elle s'est peu à peu transformée en plan d'action, et puis en date sur un calendrier... Juin 2018. L'aventure pouvait commencer.

Ce projet, je l'ai gardé pour moi pendant des mois. Peut-être par superstition, peut-être par peur que tout devienne trop réel à l'instant où je l'aurais rendu public, ou peut-être simplement parce que j'ai voulu qu'il m'appartienne, qu'il soit à moi, rien qu'à moi, le plus longtemps possible... Alors j'ai juste évoqué un mystérieux objectif, suggéré l'ampleur de l'entreprise, semé quelques indices. Certains ont deviné, mais moi je n'ai jamais rien confirmé. J'ai gardé mon secret précieusement et le rêve a fleuri peu à peu. J'ai postulé à l'inscription, j'ai rassemblé toutes mes économies et j'ai préparé mon plan d'entraînement pour l'année... En juin 2017, je suis allée à Londres, juste une journée, pour le symbole. Juste pour me rendre sur cette ligne de départ emplie d'angoisses et de promesses. J'en suis revenue avec des étoiles plein les yeux, des images plein la tête, et des papillons plein le ventre.

J'ai aussi rêvé du moment où je vous l'annoncerais. J'ai pensé à ce jour où je partagerais cette idée folle avec vous, quelques mois avant l'échéance. Il me semble même que parfois, je me répétais les mots exacts que j'utiliserais pour tout vous raconter. J'ai imaginé vos réactions, votre soutien, je me suis dit que ce serait beau de vous avoir comme moteur et d'aller toujours plus loin, ensemble. Et ça aussi ça m'a donné des ailes.

Alors le rêve est devenu concret et je me suis lancée. J'ai couru, j'ai nagé, j'ai roulé. Je me suis entourée de professionnels ; des entraîneurs, des champions, des médecins. J'ai multiplié les longueurs, les kilomètres, les sacrifices. Et comme il n'y avait plus suffisamment d'heures dans une journée, j'ai dû dire au revoir à certains clients que j'entraînais depuis longtemps, les larmes aux yeux et la gorge nouée. Je me réveillais tous les jours avec mon objectif en tête. Forte et déterminée.

Certains ont peur de voir trop grand, peur des sacrifices, de la difficulté et des désillusions. Car décider de courir après ses rêves, c'est prendre le risque de découvrir ses faiblesses, ses limites, et sa propre insuffisance. C'est aussi sortir de sa zone de confort, ouvrir sa porte aux jugements, aux obstacles, aux imprévus… risquer de renoncer, d'abandonner, de décevoir ou pire, d'échouer.

Oui, courir après ses rêves c'est se mettre en danger. Et j'en ai fait les frais.

Pendant des mois j'ai couru, j'ai nagé et j'ai roulé encore. J'ai senti mon corps avancer, progresser, s'adapter. Et puis je me suis blessée.

Alors d'un coup le rêve s'est fané.

J'avais tout fait pour éviter le danger du surentraînement, de l'épuisement, du surmenage… Mais je n'ai pas réussi à éviter l'accident. J'avais prévu la fatigue, les courbatures, les doutes et les remises en question… Mais je n'avais pas prévu la voiture folle, la collision, le sang, ni l'opération. J'avais anticipé les frais qu'il faudrait débourser pour l'inscription à la course, pour l'organisation,

«
Je me suis blessée.
Alors d'un coup
le rêve s'est fané.
»

pour la préparation... Mais je n'avais pas prévu qu'ils serviraient finalement à payer des factures de rééducation. En m'engageant dans ce super défi, je savais que la route allait être longue, semée d'embûches et que j'aurais besoin d'être épaulée.... Mais je n'avais pas envisagé que ce soit la mienne d'épaule, qui lâcherait.

Un projet en suspens, un projet perturbé, mais le rêve reste intact. L'Enduroman, je le terminerai un jour. En juin 2018, ou bien plus tard si mon épaule m'en empêche dans l'immédiat. Continuer à y croire pour avancer encore. Continuer à y penser souvent avec exaltation et frénésie. Ne pas perdre de vue ses objectifs pour progresser, remonter la pente, se dépasser et aller toujours plus loin. S'adapter aux circonstances mais ne jamais baisser les bras, même lorsque les ligaments sont touchés.

Et si je dois déclarer forfait, alors je saurai que j'ai fait tout mon possible pour y arriver. Aucun regret, aucune culpabilité, je pourrai prendre cette décision en paix et la mettre sur le compte de ma destinée.

Non, tout ne s'est pas passé comme je l'imaginais mais non, tout n'est pas perdu. Il me reste du temps, des ressources, de la détermination et cette rage de vivre qui me dit de foncer. Parfois, je me surprends à douter, à remettre en question ma décision, je ne suis plus si sûre de moi. J'ai retrouvé ce sentiment de vulnérabilité que j'ai trop connu autrefois. Parfois, je recommence à y croire, encore plus qu'avant, et je compte les mois qu'il me reste avant l'échéance, je planifie ma reprise, je pense à mes entraînements à venir, j'anticipe déjà mes futurs progrès.

Mes rêves ont survécu et il y en aura d'autres à suivre. Alors non, pour moi le sport ne rime pas avec performance ou podium. Il rime avec étoiles dans les yeux, il rime avec battements de cœur. Il rime avec défis, projets, fiertés et puis avec « j'y arriverai ». Et si parfois le sport rime avec blessure, déception ou désillusion, pour moi sans aucun doute, il rimera toujours avec rêve, avec folie, et puis surtout avec bonheur.

LES SPORTS DE MARINE

Natation

L'eau libre

Pour faire simple, la natation en eau libre, c'est l'ensemble des activités de natation pratiquées ailleurs que dans une piscine... Et donc principalement en mer, en lac ou en rivière. Cette discipline est souvent caractérisée par des épreuves de longues distances (5 km, 7,5 km, 10 km, 25 km), et elle est représentée aux Jeux Olympiques. Plus communément, elle apparaît surtout dans la plupart des triathlons, pour lesquels la partie natation est majoritairement organisée en lac ou en mer.

Pour moi, la natation a souvent été liée à l'odeur du chlore : adolescente, j'ai pratiqué la natation synchronisée à haut niveau, et depuis quelques années, quand je vais nager, c'est entre deux coachings ou deux entraînements de muscu, à Paris... Bref, j'ai plutôt l'habitude de la natation en piscine, et j'ai rarement l'occasion de nager en mer, en lac ou en rivière.

Pourtant, quand on s'entraîne pour des moyennes distances, les longueurs d'une piscine municipale, c'est un peu rébarbatif ! Par exemple, la distance de l'épreuve de natation de l'iront 140.6 est de 3,8 km, soit 76 longueurs d'une piscine olympique (50 m) ou 152 longueurs d'un bassin de 25 m. Difficile de ne pas s'embêter en entraînement dans ces conditions, et on a vite fait de compter les carreaux bleus du bassin pour passer le temps. Sans compter que les piscines municipales ne sont pas toujours ouvertes aux horaires qui me conviennent ou sont trop fréquentées pour nager à mon rythme et éviter les coups de pied. L'eau libre est donc sans aucun doute une solution idéale pour ceux qui habitent à proximité d'un lac ou de la mer.

Plus récemment, j'ai décidé de me lancer dans des courses officielles d'eau libre. 5 km, 7,5 km, 10 km, et même 25 km... Je m'entraîne même actuellement pour la folle traversée de juin 2018, pour une distance encore plus importante (voir L'Enduroman page 59). Pour relever ces nouvelles formes de défi, il me faut absolument un entraînement spécifique. Car l'eau libre présente ses propres défis qu'il faut savoir apprivoiser et auxquels les sorties en piscine municipale ne peuvent préparer. À commencer par le froid ! Mais aussi les courants, le port de la combinaison, l'orientation, l'impossibilité de s'appuyer sur la terre ferme pour se reposer, etc.

J'ai eu la chance de rencontrer Axel Reymond, champion du monde du 25 km en eau libre et son entraîneur Magali Merino qui sont devenus mes amis, mes mentors. Ils m'ont accompagnée dans cet apprentissage, ils m'ont invitée à des courses officielles, m'ont inscrite à des distances que je n'aurais jamais imaginé pouvoir nager, et ils m'ont aidée à progresser. Nager tous les jours, c'est adapter son mode de vie… Magali m'a appris à améliorer ma technique, mais aussi à surveiller encore davantage mon sommeil, mon régime alimentaire, mon hydratation, etc. Et s'entraîner pour nager de longues distances, ça n'a rien à voir avec le quotidien des nageurs de 100 m, 200 m ou 400 m. On doit apprendre à maîtriser son effort et à nager longtemps. Axel Reymond, c'est aussi le nageur qui s'entraîne le plus au monde…

Mais souvent, les sorties en eau libre ne peuvent pas constituer à l'ensemble de vos entraînements ; l'hiver peut être rude, vous êtes tributaires des conditions météo, le ravitaillement est compliqué lorsque l'on est seul, la pratique peut comporter des risques. D'autre part, l'eau libre est moins adaptée pour effectuer quelques exercices spécifiques et progresser dans sa technique (pas de matériel à disposition, difficulté d'évaluer les distances parcourues, pas de rebord facilement accessible pour des pauses régulières, etc.). Bref, l'eau libre est un complément à la pratique de la natation en piscine.

LA SÉCURITÉ EN EAU LIBRE

ÉVITEZ DE PARTIR SEUL

Pour des raisons de sécurité évidentes, il est conseillé de nager en eau libre avec un partenaire d'entraînement. Une crampe, un peu trop de courant, un accès de fatigue imprévu, autant de petits risques qui peuvent se révéler très dangereux. Sinon, n'hésitez pas à mandater un ami pour qu'il garde un œil sur vous, de temps en temps, depuis la côte. Investissez dans une petite bouée de sécurité : elle s'attache en ceinture et flotte derrière vous lorsque vous nagez, sans déranger les mouvements. Elle vous permet notamment de rester visible, et en plus vous pouvez y stocker quelques affaires puisqu'elle flotte et garantit une totale étanchéité. Sinon, il y a toujours la technique du bonnet fluo, facilement repérable de loin !

EN CAS DE CRAMPE, RESTEZ CALME !

La paralysie momentanée du membre et la douleur peuvent inquiéter, mais essayez de maintenir une position de flottaison et d'étirer le muscle touché. C'est arrivé à de nombreux nageurs avant vous, et il suffit d'adopter les bons réflexes sans paniquer.

DEMANDEZ CONSEIL AU MAÎTRE-NAGEUR.

Qualité ou température de l'eau, météo, courants ; en zone surveillée, vous pourrez facilement récupérer ces informations auprès de professionnels. Prévenez-les que vous partez nager, ils seront ravis de garder un œil sur vous.

NE COMMENCEZ PAS « TROP GROS »

Nager en eau libre demande un certain niveau de natation. Commencez par de simples allers-retours jusqu'aux premières bouées, ou longez la rive sur quelques mètres, puis analysez vos ressentis. Votre matériel est-il adapté ? Quelles sont selon vous les principales difficultés (froid, orientation, angoisse, vagues) ? Comment y remédier pour votre prochaine sortie ? Avancez à petits pas et ne vous précipitez pas.

LA DÉSHYDRATATION

Quand on nage, on ne le sent peut-être pas, mais on transpire ! Et comme on évolue dans l'eau, qu'on souffre rarement de la chaleur, et que les raisons pratiques empêchent de se ravitailler correctement, on est moins sensible à la sensation de soif et on a tendance à oublier de s'hydrater. Une grosse erreur qui peut être fatale ! En natation, le risque de déshydratation est bien réel, et il faut absolument penser à boire pour éviter des accès de fatigue, des crampes, et des blessures. Pour ce faire, effectuez des allers-retours vers la rive s'il le faut, ou embarquez une petite bouteille dans votre bouée de sécurité, mais ne négligez pas cette règle de sécurité absolue. Sachez que sur une journée moyenne d'entraînement, Axel Reymond boit 6 litres d'eau !

LE FROID

C'est l'une des principales difficultés de la natation en eau libre : les conditions météorologiques ne favorisent pas toujours une température optimale et il faut s'habituer à nager par moins 20 degrés sous l'eau… Une véritable agression pour le corps, les muscles et le mental. On risque alors l'hypothermie (c'est-à-dire, une chute de la température interne de l'organisme, qui perd plus de chaleur qu'il n'en produit). Selon la météo, n'hésitez pas à porter une combinaison ! Elle vous soulagera sans aucun doute, et vous permettra de mieux « glisser » dans l'eau (voir Matériel page 82).

Les techniques de nage

On s'est tous déjà plus ou moins essayé à la brasse, au crawl, au dos et au papillon, les quatre nages principalement répertoriées. Et pour la plupart des nageurs occasionnels, le constat est unanime : si on maîtrise à peu près la technique de la brasse, on ne sait toujours pas très bien comment respirer quand on nage le crawl, on vérifie tous les dix mètres si on ne risque pas de se taper la tête contre le rebord de la piscine quand on nage le dos, et on ressemble à un ventilateur qui s'emballe quand on s'essaie au papillon.

Pour s'entraîner en natation, c'est souvent le crawl qui est majoritairement privilégié. Non seulement parce que c'est une nage efficace pour progresser en cardio et en renforcement musculaire, mais aussi et pour ceux que ça intéresse, parce que c'est la nage adoptée en triathlon. Le crawl est un mouvement plutôt facile à maîtriser, et il suffit d'un peu d'entraînement pour apprendre à coordonner vos bras, vos jambes et votre respiration. Voici quelques conseils de base pour débuter.

- **La position de la tête :** elle est très importante et conditionne le reste de votre posture. Votre tête doit être en position neutre, c'est-à-dire qu'elle doit rester dans l'alignement de votre colonne vertébrale (sans trop rentrer le menton). Le regard est naturellement orienté vers le sol et vous remarquerez qu'en regardant trop en avant, votre tête remonte et en conséquence, votre bassin s'enfonce dans l'eau.

- **L'alignement du corps :** le corps est plat, et forme une ligne droite depuis le bout de vos doigts, l'arrière de vos épaules et de vos hanches, jusqu'à la pointe de vos orteils. Pour adopter une bonne posture, il faut vous gainer ! Rentrez votre ventre, grandissez-vous et ramenez l'ensemble de votre corps au plus près de la surface.

- **La rotation des hanches :** les hanches tournent légèrement autour de votre axe central, et vous permettent de générer plus de puissance. Peu à peu, vous apprendrez naturellement à bien synchroniser votre mouvement de hanches avec celui de vos bras, pour fluidifier votre nage et la rendre plus efficace.

• **Le mouvement des bras :** allongez et fluidifiez au maximum vos mouvements ! Ce n'est pas en moulinant vos bras le plus rapidement possible que vous gagnerez en vitesse, bien au contraire. Vous risquez de vous fatiguer et de perdre en efficacité. Privilégiez des mouvements longs et mieux maîtrisés en vous aidant de vos mains pour pousser l'eau vers l'arrière.

• **L'orientation des mains :** la force du mouvement vient aussi d'un bon positionnement de la main… Et c'est un de mes points faibles ! En entrant la main dans l'eau, elle doit être souple et détendue, bien alignée avec votre épaule. Pour bien accompagner le mouvement, votre main ne doit pas rester inactive ! En « poussant l'eau vers l'arrière », elle joue un rôle non négligeable pour aider à la propulsion.

• **Les battements de jambes :** Attention : ce n'est pas parce que vous éclabousserez toute la piscine et que vous ferez plein de vagues en bougeant les pieds que vous nagerez plus vite ! Un battement puissant, ce n'est pas forcément un battement rapide. Contractez vos muscles jambiers, tendez vos jambes et effectuez des mouvements forts et efficaces : ils viennent de votre bassin (et non de la flexion de vos genoux !), et sont aussi aidés par un mouvement souple de vos chevilles.

LA RESPIRATION

Bien maîtriser sa respiration est un point essentiel pour bien oxygéner ses muscles et gérer son effort. Et c'est souvent le sujet qui fâche… Pourtant, il suffit d'un peu d'entraînement pour s'y faire et apprendre à synchroniser parfaitement ses mouvements pour bien remplir ses poumons avant de replonger la tête dans l'eau.

• Gardez votre tête dans sa position neutre, alignée à la colonne vertébrale, en évitant les mouvements de haut en bas ou de droite à gauche. Elle tourne simplement sur l'axe au moment de la respiration.

• Lorsque vous respirez, gardez toujours un œil au-dessus de la surface et l'autre en dessous, et votre joue dans l'eau.. Cela vous permettra d'adopter une position optimale pour protéger vos cervicales, garantir un mouvement bien exécuté, et efficace.

• Fluidifiez le mouvement : nul besoin de mettre le nez dehors trop longtemps. Avec un peu de pratique, vous vous habituerez à bien coordonner votre respiration avec vos mouvements, et à respirer de manière détendue et contrôlée. Si vous craignez de ne pas avoir le temps d'inspirer suffisamment d'air, vous risquez de saccader votre nage, vous fatiguer inutilement, et perdre en efficacité, en force et en vitesse.

• Inspirez par la bouche ; expirez par le nez (et aussi par la bouche si vous en ressentez le besoin).

Aller plus loin avec le papillon

Une fois qu'on maîtrise la technique du crawl, on a souvent envie d'apprendre à nager le papillon. Et c'est une autre paire de manches ! Il faut de la souplesse, de la synchronisation, du souffle, et des muscles… On cherche un mouvement fluide et léger, mais on finit plutôt par enchaîner des battements laborieux en éclaboussant toute la piscine.

Le papillon, c'est une nage très efficace pour travailler le renforcement musculaire et la coordination des mouvements. Pendant que le buste, les fessiers et les jambes ondulent gracieusement mais fermement sous l'eau (un peu à la manière du dauphin), les bras exercent une traction et aident à la propulsion vers l'avant. Le temps de la respiration doit être très rapide, et la tête replonge dans l'eau pendant même que les bras effectuent le mouvement. En effet, on a tendance à garder le nez dehors un peu trop longtemps, ce qui rend le mouvement saccadé… Avec un peu d'entraînement, on finit par comprendre les bons positionnements et rythmer correctement sa respiration ! Rendez-vous page 89 pour découvrir quelques exercices éducatifs idéaux pour apprendre progressivement à maîtriser cette nage mystérieuse.

Le matériel

Maillot

Choisissez celui qui convient le mieux à votre morphologie et dans lequel vous vous sentez bien. Il existe aujourd'hui des marques spécialisées qui proposent de nombreux modèles fantaisie, adaptés à l'entraînement. Deux principaux critères à prendre en compte : je vous conseille de choisir des matières ultrarésistantes au chlore (consultez les descriptions des produits sur internet ou lisez bien les étiquettes, si c'est le cas, ce sera toujours indiqué). Certaines proposent même une résistance aux UV, pour éviter les coups de soleil (favorisés par la réverbération de l'eau). D'autre part, les coupes des maillots adaptés à l'entraînement sont étudiées pour garantir une grande liberté de mouvements. C'est le cas notamment des « dos en X » : les bretelles ne vous gênent pas, la forme limite les frottements, les omoplates sont dégagées et les épaules sont plus libres.

Gamme de prix variable, on trouve des modèles très corrects à partir de 10 €.

La combinaison

Une combinaison de natation, c'est essentiel lorsqu'on nage en eau libre, notamment pour lutter contre le froid. Pour une eau à moins de 18 degrés, elle doit être impérativement en néoprène. Un peu épaisse, elle est conçue pour vous protéger du froid, améliorer votre flottabilité et ce sans gêner vos mouvements. Sans compter qu'elle vous protège du soleil, des piqûres de méduse éventuelles, des irritations dues au sel, etc. Lorsque l'eau n'est pas trop froide, on utilise un autre type de combinaison, sans manche, plus légère et plus fine (aussi appelé « maillot de bain de compétition »). Elles sont particulièrement recommandées, car elles sont très serrées et favorisent ainsi le maintien des muscles, la compression sanguine et aident à la récupération. En plus, elles sont étudiées pour assurer une meilleure « glisse » Et si en l'enfilant on se tortille, on est comprimé et saucissonné, il faut bien avouer qu'après avoir plongé, on se sent comme un poisson dans l'eau !

Ces produits sont un peu chers, mais pour débuter, on peut choisir les premiers prix. *Combinaison néoprène à partir de 200 €, maillot de compétition à partir de 100 €.*

Bonnet

Il peut être en silicone ou en maille, le premier étant difficile à enfiler, il garantit plus de maintien et d'étanchéité, il est aussi étudié pour mieux « glisser » dans l'eau. Le second, plus léger et plus confortable, est aussi moins efficace pour garder vos cheveux au sec et risque de tomber plus facilement. En toutes circonstances, le bonnet est utile pour des questions d'hygiène (souvent obligatoire dans les piscines municipales), mais aussi pour que vos cheveux restent le plus sec possible ou pour éviter qu'ils ne vous tombent dans les yeux. En compétition ou en eau libre, le bonnet sert notamment à indiquer le nom du nageur, sa nationalité et son club !

Choisir un bonnet bien particulier (couleur flash ou motif amusant), ça peut permettre aux supporters, amis, maîtres-nageurs de vous repérer parmi la foule, ou de vous apercevoir au loin et s'assurer que vous êtes toujours en sécurité.

Enfin, il existe de plus en plus de modèles fantaisie, et vous pouvez choisir un bonnet qui vous plaît, qui vous ressemble, qui va avec votre maillot... Bref, il n'est plus l'accessoire de torture qui vous tire les cheveux et qu'on vous obligeait à porter quand vous étiez enfant. Il peut devenir un véritable allié !

À partir de 1 € !

Lunettes

Un autre accessoire indispensable en natation, pour voir sous l'eau, pour protéger vos yeux mais aussi pour faciliter vos mouvements. On les choisit en fonction de ses habitudes et de sa fréquence d'entraînement : préférez des verres noirs « miroirs » si vous nagez en extérieur (effet lunettes de soleil pour filtrer la forte luminosité !) et des verres plus clairs pour la piscine. N'oubliez pas de bien les ajuster, et prenez-en soin ! Évitez notamment de toucher les verres, pour ne pas endommager le revêtement antibuée de la face intérieure.

Pour des lunettes qui tiennent bien et ne s'abîment pas trop vite, évitez les premiers prix, n'hésitez pas à investir et à en prendre soin, car des lunettes de bonne qualité restent un atout primordial lorsqu'on veut progresser.

On en trouve entre 10 € et 50 €.

LE MATÉRIEL

1. lunettes
2. maillot
3. combinaison
4. palmes
5. planche
6. plaquettes
7. Pull buoy
8. bonnet
9. montre

1
2
3
4
5
6
7
8
9
arena
Jaked
arena
IRONMAN
70.3

La planche

La planche permet de progresser dans vos techniques de nage, en accentuant notamment le travail de battements de jambes, et donc le renforcement musculaire du bas du corps. Elle permet aussi de varier ses entraînements, ou de terminer une séance par un retour au calme en profitant de sa flottabilité pour soulager les muscles du haut du corps.

Gamme de prix variable, on trouve des modèles très corrects à partir de 5 €.

Le pull buoy

Voilà un autre accessoire très utile pour améliorer vos techniques de nage ! C'est un petit flotteur en forme de huit, en mousse, que l'on cale entre ses jambes pour s'obliger à ne pas les utiliser. Ainsi, on avance uniquement grâce à la force de ses bras, on active davantage le haut du corps, on travaille sa flottabilité et son équilibre dans l'eau grâce à ses abdominaux. Paradoxalement, on engage aussi le bas du corps en gainant les cuisses pour bien maintenir le pull buoy.

Les palmes

Les palmes, tout le monde connaît ! C'est l'accessoire qu'on utilisait quand on était enfant, pour aller plus vite et pour s'amuser. En vérité, les palmes sont des outils d'entraînement extrêmement efficaces qui permettent de travailler le bas du corps et faire chauffer les cuisses, les fessiers et les mollets. Mais on les utilise aussi pour augmenter sa vitesse, la fréquence de ses battements de jambes, et donc son rythme cardiaque. Plus la matière est rigide, plus l'effort est intense... On est loin de l'accessoire que l'on sortait à la plage pour s'amuser !

Gamme de prix variable, on trouve des modèles très corrects à partir de 10 €.

Les plaquettes

Encore un accessoire bien utile pour gagner en puissance et travailler sa technique. Un peu comme des palmes de main, on les enfile pour augmenter sa « prise d'eau », accentuer ainsi la résistance à la surface, et solliciter davantage ses bras. Lorsqu'après l'exercice, on effectue le même mouvement « à vide », il semble plus facile, et en devient plus fluide et dynamique. D'autre part, en utilisant les plaquettes, on améliore aussi sa technique de nage. En effet, elles sont étudiées pour « obliger » une certaine orientation de la main, et permettent d'habituer les nageurs à adopter une position correcte et optimale.

Gamme de prix variable, on trouve des modèles très corrects à partir de 10 €.

Le tuba

Celui-là aussi, on le connaît tous puisqu'on jouait avec pour regarder longuement les poissons quand on était enfant. Cependant, pour s'entraîner en natation, on préférera le tuba frontal. Il ne s'agit plus d'un tube qui remonte sur le côté du visage (comme pour les tubas de plage ou de plongée), mais d'un tube frontal qui part de la bouche, passe au-dessus du nez et entre les yeux pour remonter à la surface de l'eau. Un seul objectif : oublier le problème de coordination mouvements/respiration. Lorsque l'on opte pour le tuba, on peut se concentrer uniquement sur son positionnement. Il vous permettra d'améliorer vos positions et de vous concentrer sur vos bras, vos jambes, vos abdominaux, et votre équilibre dans l'eau. Une fois les techniques de nages maîtrisées, vous pourrez le mettre de côté et vous concentrer de nouveau sur le timing de la respiration.

Entre 15 € et 30 €.

La montre

Optionnelle

Elle est loin d'être obligatoire, mais elle peut être utile. Personnellement, j'ai souvent préféré m'attacher aux ressentis, sans suivre mon évolution chiffrée d'une séance à une autre... Je m'en suis donc longtemps passée. Mais aujourd'hui, je porte souvent une montre tracker d'activité, notamment pour les entraînements de natation. En eau libre, elle vous permettra de connaître avec précision la distance parcourue ; en piscine, elle vous évitera de vous perdre dans le décompte ennuyeux des longueurs. Comme en course à pied ou à vélo, la montre est évidemment intéressante lorsqu'on veut étudier ses performances, monitorer ses progrès, analyser son entraînement. Et la plupart des modèles sportifs sont résistants à l'eau et conçus également pour la natation.

À partir de 150 €.

ENTRAÎNEMENTS EN EAU LIBRE ET EN PISCINE – DEUX ÉQUIPEMENTS DIFFÉRENTS ?

À vous de voir. Personnellement, je ne les différencie pas ! En partie parce que je m'entraîne majoritairement en piscine, et donc qu'un « kit exclusif eau libre » n'aurait pas suffisamment d'utilité. Je prends simplement soin de rincer mon équipement à l'eau claire après chaque entraînement, pour le préserver du chlore ou du sel de mer. Exception évidente : n'essayez pas d'enfiler votre combinaison et votre bouée de sécurité pour une séance en piscine, on risquera de vous regarder bizarrement et de vous prier gentiment de quitter les lieux ! Et si vous souhaitez en effet différencier votre matériel de piscine et d'eau libre (par exemple parce que vous alternez souvent vos lieux d'entraînement), alors choisissez simplement des matériaux anti-UV pour vos sorties en extérieur (textile du maillot, verres des lunettes) et n'oubliez pas la crème solaire !

Les exercices spécifiques pour progresser

Les exercices de technique de nage sont appelés les « éducatifs ». Ils corrigent les positionnements et donnent de bons automatismes de gestuelle. Il en existe des dizaines, que l'on intègre dans son entraînement, en plus de séries de nages complètes. Ils consistent en une « décomposition » des mouvements, soit des « isolations » du travail par zone musculaire. En voici quelques-uns que j'ai l'habitude de tester pendant mes séances.

Le crawl à un bras

Comme son nom l'indique, cet exercice consiste à nager en crawl en ne bougeant qu'un seul bras, l'autre restant tranquillement immobile le long du corps. La flottaison devient plus difficile, on travaille son gainage et son équilibre pour rester bien aligné... Mais surtout, on s'entraîne à respirer en rythme avec le mouvement. Et pour ceux qui ont du mal à nager le crawl par manque de coordination, vous verrez qu'en oubliant un bras, c'est plus simple ! Entraînez-vous en enchaînant 25 à 50 mouvements à droite, et 25 à 50 mouvements à gauche. Puis reprenez quelques longueurs de crawl classique... Vous constaterez sûrement une meilleure fluidité du mouvement. Cet exercice éducatif existe aussi en version papillon. Enchaînez sur plusieurs longueurs une ondulation sous l'eau (bras immobiles sur l'avant), puis de respirer en effectuant un mouvement de bras du crawl, d'un seul côté.

Le « rattrapé devant »

L'exercice éducatif du « rattrapé devant » consiste à décomposer les mouvements du crawl classique. Plutôt que d'enchaîner les

rotations du bras doit et du bras gauche sans marquer de temps d'arrêt, attendez de terminer un mouvement avant d'en commencer un autre avec le bras opposé. En d'autres termes, il doit toujours rester un bras immobile tendu devant vous. Là encore, on travaille son gainage et son équilibre pour rester bien aligné.

Nage Hybride

Pour éviter les entraînements monotones, voici un bon moyen de travailler autrement : la nage hybride consiste à associer des mouvements de jambes d'une nage avec les mouvements de bras d'une autre. Bras de crawl/jambes de brasse, bras de dos/jambes de brasse, ondulations du papillon/bras de brasse ou bras de brasse/jambes de crawl... On casse les habitudes pour déstabiliser ses automatismes, et ce n'est pas facile ! Au début, c'est souvent un peu le bazar. Mais ça permet de mieux prendre conscience de ses mouvements, de les penser autrement, et d'éviter l'ennui !

Respiration 3/5/7/9/12

Une fois qu'on maîtrise bien le mouvement du crawl, la coordination bras/tête et le positionnement du corps, on peut travailler sa respiration. On commence donc par des longueurs classiques en inspirant tous les trois mouvements de bras, puis on corse l'exercice. On tente de respirer tous les cinq mouvements sur quelques longueurs. Si on est à l'aise on va plus loin... on vise sept, neuf voire douze battements entre chaque inspiration. Avec un peu d'entraînement, on sera moins essoufflé, moins rapidement !

Des exercices éducatifs, il en existe des dizaines ; certains vous aideront à apprendre une nage, d'autres vous permettront d'améliorer votre technique, d'autres encore vous feront travailler davantage votre souffle ou une zone musculaire en particulier. Parfois, ils vous serviront surtout à vous entraîner en vous amusant. N'hésitez pas à demander de l'aide au maître-nageur, ou optez pour quelques cours particuliers ! Vous ne pourrez bientôt plus vous en passer.

Vélo

Mon vélo sous toutes les coutures

1 Guidon
2 Loquet
3 Valve
4 Pédale
5 Selle
6 Pneu
7 Jante
8 Rayon
7 Dérailleur
8 Plateaux

1 Levier de frein

2 Chaussure de vélo

3 Tige de selle

4 Guidon

Le matériel pour s'entraîner à vélo

Pour ce qui est de la tenue, ne suivez pas mon exemple ! J'ai plutôt tendance à faire du vélo avec mes tenues de sport habituelles... Une mauvaise habitude que je tente de changer. S'entraîner à vélo, c'est être assis sur une selle pendant des heures et risquer des irritations, des bleus aux fesses et même des cystites. C'est pourquoi il existe des solutions textiles adaptées à la pratique.

Le cuissard

Le cuissard est un short moulant muni d'une protection au niveau de l'assise, pour limiter les douleurs liées à la pression du poids sur la selle. Il s'agit d'un vêtement technique étudié pour optimiser la pratique : coutures plates, coupe adaptée aux positionnements du cycliste, etc. Il est conçu pour limiter les irritations dues aux frottements et doit donc se porter sans sous-vêtements.

Budget : de 40 € à 200 €.

Le jersey/le maillot

Optionnel mais pratique !

En haut, vous pouvez tout à fait porter un tee-shirt de sport classique. Il existe néanmoins des vêtements plus adaptés, étudiés également pour éviter les frottements ; ils proposent des poches pratiques dans les dos, sont composés de matières antitranspirantes et de bandes réfléchissantes pour votre sécurité.

Budget : de 20 € à 150 €.

Le casque

Je vous conseille d'aller l'acheter en magasin, plutôt que sur internet, pour en essayer plusieurs et sélectionner le plus confortable. De plus, vous serez certain de choisir la bonne taille, un point essentiel pour assurer l'utilité du casque ! N'hésitez pas à demander conseil au vendeur. Attention, le casque de route et le casque de VTT peuvent tous les deux être utilisés sur route mais ils n'ont pas tout à fait la même forme ! Le second étant plus adapté à la pratique en forêt, plus couvrant et plus renforcé que le premier. Là encore, choisissez celui dans lequel vous vous sentez le mieux !

Budget : de 40 € à 200 €.

BIEN RÉGLER SON CASQUE : UN GESTE DE SÉCURITÉ PRIMORDIAL !

Le port du casque à vélo est obligatoire ! Et croyez-moi, ce n'est pas pour vous embêter, car je peux vous dire que le mien m'a sauvé la vie lorsqu'une voiture m'a percutée pendant un entraînement vélo. Je l'ai retrouvé totalement cabossé… Et pour qu'il soit utile, il faut savoir le régler.

Un casque bien ajusté est aussi bien plus confortable, et finit même par se faire oublier… Pour ce faire, il y a trois réglages importants avant de partir rouler : la mentonnière (en dessous du menton), les sangles latérales (sous les oreilles) et le tour de tête ! L'objectif est de faire en sorte que le casque ne tombe ni vers l'avant, ni vers l'arrière, ni sur les côtés, sans pour autant vous étouffer !

Les gants ou mitaines

Optionnels

Les gants vous éviteront des ampoules liées aux frottements avec votre guidon, et peuvent prévenir des petites blessures en assurant une protection supplémentaire en cas de chute.

Budget : de 40 € à 20 €.

Les lunettes

Optionnelles

Elles peuvent être utiles pour protéger vos yeux des UV et du vent, et faire rempart aux petits moucherons qui pourraient s'y loger. Idéalement, préférez des lunettes sportives, adaptées à la pratique.

Budget : de 20 € à 150 €.

Chaussures et pédales

Vous pouvez bien sûr faire du vélo avec vos chaussures de sport habituelles. Mais je vous conseille de passer rapidement aux chaussures de vélo ! Elles s'enclenchent sur des pédales automatiques et permettent une pratique plus puissante et plus efficace. Au début, elles peuvent paraître intimidantes, et pourtant vous ne pourrez bientôt plus vous en passer… N'hésitez pas à les tester en salle pour commencer (en cours de cycling, par exemple) et à vous entraîner à déchausser. Ainsi, vous serez plus tranquille lors de vos sorties en extérieur.

Budget chaussures : de 50 € à 330 €.

Budget pédales automatiques : de 30 € à 350 €.

Le kit de réparation

On l'a vu, faire du vélo c'est risquer la crevaison. Et changer une chambre à air, ce n'est pas si compliqué ! Alors entraînez-vous bien au chaud chez vous, puis n'oubliez pas votre kit de réparation à chacune de vos sorties. Il doit contenir : une pompe (à main, à pied, ou des cartouches CO_2), une ou deux chambres à air, un grattoir, des patchs et de la colle à rustine, deux démonte-pneu, et un multitool.

Budget : 40 €.

Un compteur

Optionnel

Il vous indiquera la distance parcourue, votre vitesse, votre fréquence cardiaque et d'autres informations utiles pour mesurer vos progrès. Le compteur est un accessoire très utile que de nombreux cyclistes utilisent. Personnellement, j'aime bien faire du vélo sans me soucier de ces données, juste pour profiter des sensations... En général, je branche une application de traçage et je la consulte à la fin du parcours, par curiosité. Mais il m'arrive parfois d'utiliser un compteur pour changer.

Budget : 20 € à 150 €.

Porte-bidon + gourde

Un accessoire essentiel pour s'hydrater pendant les entraînements, et qui paraît évident... Mais souvent, le porte-bidon n'est pas livré avec le vélo ! Il faudra donc l'installer (facilement) vous-même.

Budget : 20 €.

LES PETITS PLUS QUE J'EMPORTE SUR MON VÉLO :

- Je range dans ma sacoche de cadre (accrochée sur le tube supérieur entre la selle et le guidon) : des noix de cajou, un petit mot de ma meilleure amie, mon téléphone, une batterie externe au cas où, un petit mulot en peluche.
- J'accroche sur le tube diagonal (en dessous de la sacoche) : des gels énergétiques en cas de coup de mou (je les fixe en les enroulant avec du Scotch), un autocollant Ironman avec mon dernier numéro de dossard en date.
- Je noue autour du guidon (à des endroits où ils ne me dérangeront pas) : des chouchous que l'on m'a donnés pendant les épreuves de course à pied d'Ironman, des petits bracelets porte-bonheur.

INVESTIR DANS UN VÉLO DE ROUTE

Pour commencer la course à pied, il suffit d'acheter de bonnes baskets ; pour se mettre à la natation, un maillot et un bonnet de bain suffisent…. Mais l'achat d'un vélo, c'est une autre paire de manches ! Pourtant, n'envisagez surtout pas cette étape comme un obstacle. S'il est vrai qu'un vélo a un certain coût, l'investissement en vaut vraiment la peine… C'est l'occasion de choisir un véritable compagnon pour vos sorties sportives, parfaitement adapté à votre taille, à vos habitudes d'entraînement et à vos projets.

AVANT DE RENTRER DANS LE MAGASIN

On définit ses objectifs (découverte, performance), son terrain de jeu (montagne, chemins, route), son budget. Pour débuter, sachez qu'il faut compter entre 500 et 1 000 € pour l'achat de son premier vélo de route. On fait éventuellement un repérage sur internet mais on évite la présélection « je veux celui-là » alors qu'on n'y connaît pas grand-chose.

AVANT DE PASSER À LA CAISSE

On visite plusieurs magasins de vélo spécialisés. Cela vous permettra de rencontrer de vrais passionnés, des connaisseurs ravis de partager leur expertise, et de comparer les offres, les prix et les conseils. N'hésitez pas à discuter longuement avec les vendeurs, et à chercher un conseiller sympathique en qui vous pourrez avoir confiance. Un des critères les plus importants lors du choix de votre vélo, c'est sa taille, qui doit être parfaitement adaptée à votre gabarit : seul un connaisseur pourra vous aider à choisir celle qui vous conviendra le mieux (en étudiant notamment la taille à l'entrejambe et la longueur des bras).

N'AYEZ PAS PEUR DE LA TECHNICITÉ !

Vous serez peut-être confronté à quelques mots de vocabulaire un peu compliqués (les développements, la potence, la transmission). Je vous rassure, il m'a fallu des mois pour en savoir un peu plus sur la technique (et j'ai encore d'énormes lacunes en la matière, ce qui ne m'empêche pas de rouler !). Si ça n'avait tenu qu'à moi, j'aurais évidemment choisi mon vélo en fonction de sa couleur… Alors ne vous laissez pas intimider, vous apprendrez petit à petit, mais pour l'instant, l'essentiel, c'est de savoir où sont les pédales, la selle et le guidon ! Le reste, vous l'apprendrez sur le tas.

Où faire du vélo ?

Il existe trois solutions principales pour s'entraîner à vélo :

- **sur route,**
- **en circuit,**
- **en intérieur**.

Quels que soient la météo, votre budget, votre région ou votre emploi du temps, choisissez l'option qui vous convient le mieux et n'hésitez pas à tester, alterner, ou même associer les différentes solutions d'entraînement.

Sur route

S'entraîner sur route revient à rouler dans des conditions proches de celles des courses. Il est donc important de se familiariser avec le terrain, les variations de température, le vent, et les différentes irrégularités que vous pourrez rencontrer en roulant sur le bitume.

C'est aussi les sorties qui demandent le plus de temps et d'organisation en amont. Une préparation un peu complexe est donc nécessaire, mais elle ne doit pas vous décourager !

Beaucoup d'entre vous, particulièrement les cyclistes amateurs qui habitent en ville, me demandent souvent où s'entraîner et comment choisir un itinéraire adapté...

Commencez simplement par faire quelques recherches sur internet, il existe des sites spécialisés très qualitatifs (ex. Strava) ou des forums qui vous indiqueront des circuits intéressants à explorer, en fonction de votre position géographique, votre niveau et vos objectifs. Puis sortez, roulez, testez, faites demi-tour s'il le faut et forgez-vous une expérience personnelle de cycliste en extérieur.

MON CONSEIL !

Pour vos premières sorties, prévoyez le moment où les meilleures conditions seront réunies pour pouvoir vous concentrer presque exclusivement sur le parcours.

Vous pouvez évidemment créer vous-même votre propre parcours si vous connaissez un peu votre région.

Pour ce faire, prenez en compte quelques critères importants :

- Choisissez plutôt des itinéraires sans trop de feux rouges pour ne pas couper votre rythme, de préférence peu fréquentés par les voitures.
- Préférez des routes ou chemins goudronnés pas trop étroits pour permettre le passage d'autres véhicules à vos côtés sans danger. Les départementales, à quelques kilomètres des grandes villes sont souvent une bonne idée.
- S'il existe des pistes cyclables, vous serez évidemment plus tranquille mais soyez vigilant car c'est aussi sur ces bords de route que l'on retrouve certains déchets indésirables pour vos roues (verre brisé, branchages, etc.).

Selon vos objectifs, n'hésitez pas à anticiper des dénivelés plus ou moins importants, et prévoyez en amont une distance adaptée à votre niveau (en augmentant petit à petit la longueur de vos sorties).

QUELLES DISTANCES POUR QUELS OBJECTIFS ?

- Débutant, ne vous attachez pas aux distances. Lors de vos sorties en extérieur, roulez simplement selon vos sensations, et n'oubliez pas que la distance parcourue à l'aller devra être parcourue au retour !
- Une fois habitué, variez les distances pendant vos entraînements en n'hésitant pas à allonger petit à petit vos sorties. 20 km, 50 km, 70 km voire 100 km... Il n'y a pas de règle absolue. Sachez néanmoins que lors des compétitions, il n'est pas rare de passer plus de 5 heures sur votre vélo ; les longues distances restent donc importantes pour s'habituer et progresser autant physiquement que mentalement.
- Si vous préparez une compétition, prévoyez toujours au moins une sortie longue (soit 85 % de la distance à effectuer pendant la compétition) le mois précédant l'échéance.

En circuit

Le plus souvent, l'option la plus simple pour faire du vélo en extérieur sans trop se prendre la tête, ce sont les parcs, les stades ou **les hippodromes**.

Pas besoin de prendre la voiture pour s'y rendre, et c'est un bon moyen de rouler sans se soucier de la circulation ou de la préparation des itinéraires en amont. Il en existe beaucoup en France, particulièrement fréquentés par les cyclistes en quête de terrain d'entraînement (et moins par les cyclistes flâneurs) et qui permettent de rouler de façon musclée et à bonne allure.

Commencez par quelques tours d'exploration à votre rythme et familiarisez-vous avec l'ambiance particulière de l'endroit. Là-bas, vous pourrez rouler seul ou à plusieurs. Petit à petit, n'hésitez donc pas à joindre les différents groupes de cyclistes qui se forment selon les allures de chacun. Après quelques sorties, passez au stade supérieur et osez intégrer les pelotons ! Car rouler en hippodrome c'est aussi l'occasion de faire du fractionné (alternance de phases de cardio intenses et de phases de récupération), et de se challenger en profitant de l'allure vive de ces fameux groupes serrés pour faire travailler le cœur et faire tourner les jambes.

Pour les cyclistes débutants, l'idée de se joindre à un peloton peut être angoissante. Et pourtant... Osez ! Car les bénéfices de cette pratique en groupe sont multiples et vous feront largement progresser. Lors de vos premières sorties en hippodrome, observez un peu les habitués et ne vous laissez pas impressionner. Après plusieurs tours, intégrez-vous progressivement au peloton lorsque vous vous sentez prêt. Restez toujours vigilant et alerte, sans pour autant vous stresser.

En intérieur

Vous sortez du bureau, la nuit tombe, il fait froid ? Pas d'excuse pour esquiver son entraînement vélo. Les séances de « bike » en salle n'ont rien à envier aux sorties pédalage en extérieur. Une solution efficace et pratique, qui vous permettra d'espacer et de compléter vos entraînements de plein air.

N'hésitez pas à tester les cours collectifs de « cycling » ou « spinning » très efficaces pour se familiariser avec la discipline. Vous préférez rouler à la salle mais en solitaire ? Prévoyez une playlist dynamique et motivante pour vous accompagner et gérez seul votre entraînement ! Pédalez en jouant avec la résistance du vélo pour simuler différents dénivelés et alterner ainsi travail en force et travail en endurance. Challengez-vous, et vous vous habituerez progressivement aux sensations propres à la discipline...

LE + DE MARINE :

Pour s'entraîner en intérieur, il existe aussi le « home-trainer », un système de support qui vous permettra de pédaler chez vous, sans pour autant avoir à investir dans un appareil de biking d'intérieur. Moins coûteux et moins imposant, il suffit de le fixer sur votre vélo de ville ou de triathlon et de rouler... sur place !

LE CODE DE LA ROUTE EN CIRCUIT

Roulez de préférence à droite et doublez toujours sur la gauche en indiquant votre intention par un petit geste de la main.

SI VOUS OBSERVEZ UNE CHUTE

Si vous observez une chute ou un accident, levez le bras pour en informer les cyclistes qui arrivent derrière vous. De même, si vous voyez un obstacle (pierre, trou, déchet) pointez-le du doigt pour que ceux qui vous suivent soient prévenus.

EN GROUPE

En groupe, roulez à allure régulière ! C'est la règle principale, car si vous ralentissez ou freinez d'un coup vous risquez le carambolage.

DANS LES PELOTONS

Dans les pelotons, trouvez la bonne distance qui vous sépare des autres cyclistes. L'idée est d'être assez proches les uns des autres, sans pour autant risquer la collision. Là encore, observez les habitués pour mieux vous figurer le positionnement idéal.

DANS LES PELOTONS ENCORE

Dans les pelotons encore, gardez toujours une main sur le frein au cas où, et si vous avez installé des prolongateurs sur votre vélo ne vous en servez pas lorsque vous roulez en groupe serré.

J'ai crevé ! Que faire ?

CREVAISON ET RÈGLES DE SÉCURITÉ

Règle n° 1 : Apportez toujours un petit kit de réparation avec vous : une pompe (à main, à pied, ou des cartouches CO_2), une ou deux chambres à air, un grattoir, des patchs et de la colle à rustine, deux démonte-pneu, et un multitool.

Règle n° 2 : Vérifiez toujours l'état de vos roues avant de partir rouler.

Règle n° 3 : Évitez au maximum les obstacles, les irrégularités du bitume, les trous sur la route, etc.

Règle n° 4 : En cas de crevaison, posez le vélo à l'envers sur le bas-côté et éloignez-vous des dangers de la route.

Avant de me faire renverser par une voiture à vélo, ma plus grande crainte lors de mes entraînements, c'était la crevaison (maintenant, c'est la collision !). Parfois, je pars rouler dans des endroits isolés et je redoute le jour où je me retrouverai à devoir réparer ma chambre à air comme une grande ! Car crever, ça fait partie des déconvenues récurrentes que rencontrent les cyclistes (petite pierre sur la route, pneus pas assez gonflés ou trop usés, etc.).

Jusqu'à présent, quand je me suis retrouvée dans cette situation, j'étais toujours accompagnée d'amis cyclistes venus à ma rescousse. Mais comme tout cycliste amateur, j'ai appris à réparer une chambre à air crevée, et il faut dire qu'il n'y a pas de quoi paniquer, les gestes sont relativement simples à exécuter !

Quand on crève, c'est que la chambre à air est percée ! Selon la taille et la gravité du trou, on peut soit la réparer (en posant un patch sur l'entaille avant de la regonfler), soit la changer... Voici un petit récapitulatif illustré des étapes à réaliser selon les cas que vous rencontrerez.

J'AI CREVÉ !

La roue avant

Je démonte ma roue avant

En général, un vélo de route est équipé d'un système de démontage rapide ; ce qui signifie que vous n'aurez pas besoin d'outils et de gestes compliqués pour enlever la roue du cadre. Desserrer simplement le système de blocage en dévissant le loquet d'un côté et en tenant l'écrou de l'autre. La roue avant est libre !

La roue arrière

Je démonte ma roue arrière

En général, un vélo de route est équipé d'un système de démontage rapide ; ce qui signifie que vous n'aurez pas besoin d'outils et de gestes compliqués pour enlever la roue du cadre. Débloquer le loquet et la roue se libère. Si elle est un peu coincée, tirez délicatement sur le dérailleur.

Je sors la chambre à air de la jante

❶ Retirez le bouchon de la valve. S'il reste un peu d'air, dégonflez totalement la chambre en appuyant légèrement sur la valve.
❷ Glissez un démonte-pneu entre la chambre à air et le pneu.
❸ Répétez la même opération un peu plus loin avec un second démonte-pneu, puis faites-le glisser autour de la roue pour faire sortir de la jante un côté du pneu. Il offre un espace suffisant pour libérer la chambre à air.
❹ Sortez la chambre à air en tirant doucement, et en finissant par la valve.

Le trou est petit

Je la répare

❶ En premier lieu, trouvez le trou ! Et rappelez-vous qu'il peut y en avoir plusieurs, ou que le morceau de verre/bois/pierre coupable de la crevaison peut encore se loger à l'intérieur du pneu, à l'endroit de la crevaison.
❷ Poncez légèrement la chambre à air au niveau de l'entaille, à l'aide d'un petit morceau de papier de verre ou du grattoir.
❸ Il s'agit maintenant de boucher le trou grâce à la pièce de réparation. Appliquez la colle à rustine autour de l'entaille, puis sur le patch. Posez la pièce au niveau du trou, en la pressant délicatement sur le pneu pour vous assurer qu'elle ne se décollera pas, et laissez la colle prendre.
❹ Une fois le trou réparé, gonflez très légèrement la chambre à air à l'aide de la pompe ou des cartouches CO_2.

La chambre à air est foutue !

Je la change

Munissez-vous de votre chambre à air de rechange, et gonflez-la très légèrement à l'aide de la pompe ou des cartouches CO_2.

Je remets la chambre à air et le pneu dans la jante

Le pneu est maintenant sur la roue, un flanc à l'intérieur de la jante, et l'autre à l'extérieur.
❶ Saisissez la chambre à air et entrez la valve dans l'emplacement prévu à cet effet.
❷ Installez la chambre à air à l'intérieur du pneu.
❸ Insérez le second flanc du pneu dans la jante, tout autour de la roue.
❹ Gonflez totalement la chambre à air (pression de 6 à 8) à l'aide de votre pompe ou des cartouches CO_2.

La roue avant

Je remonte ma roue avant

Replacez la roue, et revissez le loquet, en prenant soin de bien le serrer.

La roue arrière

Je remonte ma roue arrière

❶ Placez la chaîne supérieure sur le petit pignon de votre roue arrière, et appuyez sur le dérailleur. Le système s'enclenche tout seul, et la roue retrouve sa place !
❷ Resserrez bien l'écrou.

Running

Les différents terrains de jeu pour courir

La course à pied est un sport qui permet d'explorer, de découvrir des chemins, de se perdre au hasard des allées... J'aime courir parce que chaque sortie running est un voyage, un moment de liberté, la possibilité d'aller où bon nous semble et de nous approprier la route. On peut courir partout et chaque expérience est unique. On s'entraîne en ville, dans un stade, en forêt, en montagne, dans un parc ou sur la plage... Les possibilités sont infinies, les sensations sont différentes et le spectacle varie.

Courir en ville

La pratique de la course à pied en ville est un peu controversée : sécurité des coureurs, pollution, arrêts fréquents imposés aux feux rouges. Et pourtant, pour beaucoup d'entre nous, courir en ville, c'est évidemment la solution la plus pratique ! Alors oubliez les idées reçues... Pour optimiser sa sortie running en ville et éviter les accidents, il suffit d'être prudent et de faire preuve de bon sens (restez toujours sur les trottoirs, respectez les passages piétons et courez sur place en attendant de pouvoir traverser, faites attention aux vélos, aux sorties de garage, portez des tenues réfléchissantes quand il fait nuit, etc.). Pour contrer la pollution, choisissez des horaires adaptés (heures creuses, températures plus basses) et évitez les grandes artères.

Je vous conseille aussi de laisser les obstacles de la route dicter eux-mêmes votre chemin : la rue que vous comptiez emprunter est trop fréquentée ? Tournez dans une ruelle adjacente plus calme et laissez-vous guider par le hasard ! Un feu rouge devant vous ? Évitez-le en changeant de chemin. Une côte en vue ? Profitez-en pour corser votre sortie et varier le travail musculaire ! Cette méthode est non seulement amusante, mais elle vous permettra également de garder un rythme régulier et

BMW
BMW BERLIN-MARATHON
September 2014
F5248
Marine
G

de ne pas avoir à vous arrêter inopinément tous les cent mètres. Il m'est souvent arrivé de me perdre dans Paris en courant, et c'est une occasion idéale pour découvrir des endroits que l'on ne connaît pas... Quitte à rallonger un peu la distance parcourue, le temps de retrouver son chemin ! Prenez toujours un téléphone avec vous et consultez le GPS en cas de gros doute... Sinon, laissez-vous porter !

S'entraîner sur piste

La course sur piste est souvent privilégiée par les passionnés qui suivent des programmes précis et cherchent à progresser, à gagner en souffle et en vitesse. Elle est aussi très adaptée aux débutants, qui cherchent un terrain tranquille sans obstacle, sans voiture, sans danger et avec un revêtement adapté qui protège les articulations.

On peut y travailler facilement en endurance fondamentale, en sprint ou en fractionné (voir Les différents entraînements de course à pied page 120) et il y a toujours de l'espace à l'extérieur des lignes pour terminer sa séance par un peu de renforcement musculaire. L'ambiance est souvent sympathique, plutôt studieuse et concentrée et, sauf grande affluence, on ne se marche pas sur les pieds. Les lignes blanches permettent de laisser une place aux coureurs rapides (qui occupent généralement les couloirs intérieurs) comme aux coureurs à l'allure modérée (qui utilisent plutôt les couloirs externes).

En revanche, la piste est moins adaptée à vos sorties longues ! Car si un tour de piste mesure environ 400 m, il faudra faire 50 tours pour réaliser l'équivalent d'un semi-marathon... Une solution un peu rébarbative !

S'évader avec le trail

D'une certaine façon, le trail est la pratique opposée à la course à pied en ville ! Des sentiers, du tout-terrain, de la boue, du bon air, et un environnement tout à fait dépaysant... Le trail est la course nature par excellence, une sortie de running en montagne ou en forêt, sur des chemins souvent caillouteux et vallonnés. Faire du trail, c'est partir à l'aventure et découvrir un sport à part, qui revient à l'essentiel, et dont le maître, c'est souvent le dénivelé ! Et si ce mot peut faire peur, il vous promet surtout un entraînement très efficace pour développer votre souffle et faire travailler vos muscles.

Pour l'instant, je ne m'y suis que rarement essayée et de nombreux coureurs s'en étonnent car il est très commun pour des amateurs de course à pied d'allier leur pratique avec des sorties trail. Il se trouve que la montagne est un environnement que je ne connais pas bien... J'ai toujours été plus attirée par la mer, et j'ai rarement eu l'occasion de faire de la randonnée. Par ailleurs, je suis évidemment persuadée que le trail offre des sensations très spéciales et je me suis souvent dit que je m'y mettrais plus tard, comme un nouveau chapitre de défis à venir !

S'enfoncer dans le sable

Si vous avez la chance d'habiter près d'une plage, alors vous avez sûrement l'habitude de ce terrain de jeu assez particulier pour vos sorties running. Sinon, profitez de vos vacances pour découvrir ces nouvelles sensations. On préférera évidemment les heures creuses, le matin tôt ou le soir tard, pour éviter le zigzag entre les serviettes, mais je vous assure que le jeu en vaut la chandelle ! En effet, le sable est une surface souple, qui sollicite d'avantage vos muscles jambiers lors de vos foulées et aide au développement des muscles stabilisateurs de la cheville... Une sortie running doublement efficace qui fera travailler davantage votre cœur en ajoutant des difficultés techniques à la course, et qui vous servira également de séance de renforcement musculaire !

Mais si vous n'êtes pas habitué à cette pratique, commencez doucement ! Et gare aux risques de tendinites, de chocs articulaires ou de petites foulures. D'abord parce que l'effort demandé est plus intense, mais aussi parce que la surface est irrégulière, ponctuée de trous, de niches ou de bosses, particulièrement lorsque le sable est sec. Privilégiez donc le bord de l'eau (plus plat et plus compact), une vitesse de croisière et des petites sorties pour commencer.

S'abriter en salle

Certains coureurs inconditionnels ne comprennent pas l'intérêt de courir sur place entre quatre murs. Il est vrai que le running en salle peut être parfois très ennuyeux... Pourtant il présente plusieurs gros avantages. C'est d'abord très pratique en hiver ou lorsqu'il pleut ; en cas de préparation pour un 10 km, un semi ou un marathon, on peut suivre son plan d'entraînement sans se

MATRIX
MATRIX
MATRIX
MATRIX

soucier de la météo. D'autre part, les tapis sont étudiés pour amortir les impacts et sont plus adaptés que le trottoir ou les chemins pour vos articulations... Enfin, pour ceux qui habitent en ville et se méfient des dangers de la course à pied de rue, le tapis assure sécurité, régularité de l'allure et surface plane.

Si courir en salle vous ennuie, testez les différents programmes qu'offre un tapis. N'hésitez pas à demander l'aide d'un coach, il vous expliquera le fonctionnement du fractionné (voir Les différents entraînements page 120), et les opportunités d'entraînement un peu plus ludiques que proposent les machines.

Pour votre sécurité, commencez toujours par un run à petite allure pour vous échauffer, puis passez à la phase d'effort. Une fois l'entraînement terminé, n'arrêtez jamais le tapis brusquement : diminuez graduellement la vitesse, puis marchez quelques minutes pour vous permettre de faire baisser progressivement votre fréquence cardiaque. Lorsque l'on court en extérieur, ces règles de sécurité sont plus faciles à adopter : inconsciemment ou non, on a souvent tendance à commencer tranquillement et on finit par marcher un peu avant de rentrer chez soi. En salle, on appuie généralement trop vite sur le bouton « Stop », et on passe brusquement de la course à l'arrêt, ce qui est autant dommageable pour les muscles que pour le cœur.

La course, c'est le sport que vous pouvez pratiquer partout, sans restriction. Le mieux, c'est évidemment de varier les terrains de jeu, pour multiplier les sensations, progresser différemment et bien sûr, explorer, découvrir et s'amuser... Alors n'hésitez pas à emporter partout avec vous une paire de baskets et une tenue de run ! Saisissez les différentes opportunités qui s'offrent à vous et n'hésitez pas à profiter de vos vacances, déplacements professionnels ou de vos week-ends à la campagne pour multiplier les expériences !

N'oubliez jamais néanmoins que pour des raisons de sécurité, il est préférable d'éviter de partir courir seul dans des environs peu fréquentés, même lorsque l'on connaît bien les chemins.

Se motiver et éviter l'ennui

« La course à pied, c'est ennuyeux. » C'est l'une des remarques qui reviennent très souvent chez les personnes qui aimeraient se mettre à courir mais qui n'y parviennent pas. Car les rares fois où elles ont essayé, elles ont trouvé ça long, monotone et ennuyeux. Et la difficulté de l'effort n'aidait pas à passer le temps... Face à ces affirmations, d'autres coureurs aguerris bondissent. Et ils répondent avec amusement que courir, justement, c'est arrêter de penser. Se concentrer sur son souffle, sur sa foulée, sur ses sensations, et regarder devant soi. Mettre son cerveau sur pause et arrêter le temps...

Personnellement, quand je cours, je pense à plein de choses. Mon programme de la journée, mes projets sportifs, ma technique, ma respiration, mes prochaines collections de chaussettes, les tâches ménagères à faire, les gens que je croise, la beauté du paysage, etc. Et je m'ennuie rarement. Bref, chacun a le droit d'envisager la course à pied comme il le souhaite et de s'approprier la pratique... Il suffit de trouver les astuces qui vous aideront à apprécier votre sortie running, à en profiter et à en faire un moment privilégié.

Voici quelques pistes à tester pour éviter l'ennui et garder la motivation :

Variez vos types de sorties

Testez différents entraînements, différentes intensités et différents endroits ! C'est la règle à respecter si l'on s'ennuie en courant. Rendez-vous page 120 pour découvrir plusieurs façons de courir et éviter ainsi de vous installer dans une routine de course – qui, en plus, risque de vous faire stagner niveau performances... Vous vous entraînez toujours au même endroit ? On a souvent tendance en effet à faire encore et toujours la même sortie running hebdomadaire ; elle est confortable car on en connaît tous les aspects, elle ne nous réserve aucune mauvaise surprise, on a déjà mesuré sa distance

et elle est pratique ! Pourquoi ne pas partir à l'aventure, prendre une route sans savoir où elle vous mène, vous laisser porter, et vous changer les idées en découvrant de nouveaux quartiers ou en cherchant votre chemin ? Des petits plus qui aident à sortir de sa routine et à éviter l'ennui.

Pensez à vos objectifs

Pour se motiver à courir, rien n'est plus efficace que de se fixer des objectifs ! Répétez-vous les raisons qui vous poussent à avancer : ce peut être l'inscription à une course officielle (peu importe la distance, l'essentiel c'est de se fixer des défis toujours plus grands), un objectif physique (se tonifier, se muscler, se sentir mieux dans son corps), un objectif de performance (battre son record personnel sur une distance donnée, passer sous le cap des 9, 10 ou 11 km/h). Lorsque le mental commence à flancher, rappelez-vous d'où vous venez et croyez en vous. Visualisez vos objectifs, imaginez une ligne d'arrivée, ou la fierté qui vous envahira lorsque vous aurez réussi votre pari. Parce que oui, vous allez le réussir ; cette capacité, vous l'avez en vous... N'en doutez jamais.

Courez à plusieurs !

Les applications mobiles pour trouver des partenaires de course, les « crew » – ou groupes de coureurs – qui se retrouvent toutes les semaines pour des sorties collectives, les sites internet organisateurs de sessions run partout en France... Autant de concepts qui connaissent un grand succès et font de plus en plus d'adeptes. Leurs créateurs sont partis d'un constat simple : beaucoup de coureurs n'aiment pas pratiquer seul, peinent à se motiver pour des sorties solo, cherchent à être « portés » par une dynamique de groupe et, surtout, meurent d'envie de partager leur passion avec d'autres adeptes ! Alors n'hésitez pas à joindre ces initiatives et à intégrer des sorties running organisées, pour vivre le running autrement. Et si vous n'osez pas sauter le pas, embarquez aussi un ami !

Apprenez à écouter votre corps et à le comprendre

Comme pour tous les autres sports, votre pratique passera au niveau supérieur lorsque vous vous intéresserez de plus près à son aspect physiologique. Il n'est pas pour autant question de passer des heures à étudier des données complexes, ni de devenir un expert ! Une simple curiosité pour le sujet et la lecture d'articles scientifiques vulgarisés sur internet suffisent à acquérir quelques notions bien utiles. Et si certains passionnés se servent de leurs connaissances en la matière pour élaborer leurs plans d'entraînement, l'objectif pour le coureur amateur est simplement de visualiser ce qui se passe dans son corps pendant l'effort. Comprendre les filières énergétiques, la fréquence cardiaque, le trajet de l'oxygène ou ce qui se passe pour vos muscles lorsque vous vous ravitaillez... Au-delà d'être véritablement passionnantes, ces questions permettent de mieux prendre conscience de vos sensations, d'apprivoiser les différentes douleurs musculaires, et de se rapprocher de son propre corps.

En salle, alternez différentes façons de travailler le cardio

Vous avez du mal à courir sur un tapis plus de dix minutes mais vous voulez progresser en endurance ? Profitez des machines à votre disposition pour alterner deux, trois voire quatre exercices et pour travailler votre fréquence cardiaque. Tapis de course, vélo elliptique, vélo de salle, rameur, monte-escalier, etc. Différentes façons de faire monter le cœur, tout en sollicitant plusieurs zones musculaires. Pour un maximum d'efficacité et une séance intelligente, ne laissez pas vos muscles se refroidir pendant les transitions, et optimisez chaque seconde d'effort sur chacune des machines. N'hésitez donc pas à planifier un enchaînement qui vous convient, qui vous ressemble et qui vous permet d'égayer votre séance cardio !

J'ÉCOUTE DE LA MUSIQUE EN COURANT, OUI OU NON ?

Pour certains coureurs aguerris, écouter de la musique en courant, c'est un sacrilège ! Pour eux le running, c'est un moment où on se vide la tête de toute pensée et de tout son ! Les seules choses que l'on écoute, c'est son souffle, son rythme cardiaque et ses sensations. Sans compter qu'avec des écouteurs, on est moins conscient de ce qu'il se passe autour de nous et on s'expose davantage aux dangers de la route... C'est l'une des raisons pour lesquelles certaines organisations (comme l'Ironman) interdisent les écouteurs pendant les courses officielles.

Pour d'autres, le contraire est inenvisageable. Quand on court sans musique, on s'ennuie, on s'entend souffler, on est moins dynamique et on perd toute sa motivation. En effet, il a été prouvé qu'écouter de la musique a un effet dopant !

Personnellement je change mes habitudes d'un entraînement à l'autre. Comme très souvent dans ma pratique sportive, je fais au ressenti et j'avise sur le moment : parfois j'écoute des musiques très entraînantes, parfois je préfère de la musique classique ou des playlists au hasard, d'autres fois encore, j'ai envie de profiter des bruits de la rue ou du silence des séances de running aux aurores. En revanche, j'ai une règle absolue : je n'écoute jamais de musique lors des courses officielles. Dans ces moments, le temps est au partage, aux regards qui se croisent, à la souffrance commune, et il n'y a rien de plus entraînant que les sons des supporters qui nous soutiennent dans l'effort. Pour rien au monde je ne me couperais de ça... Alors si vous avez l'habitude de courir en musique, faites une exception en course officielle, au moins sur une partie du parcours ! Rien ne vous portera plus que le bruit de l'ambiance électrique, et celui du souffle fatigué mais déterminé de vos voisins sportifs.

Le matériel pour courir

On l'entend partout, la course c'est LE sport qui nécessite le moins d'équipement (et qui revient le moins cher !). Contrairement à d'autres pratiques, il n'y a pas de liste à rallonge de matériel à acheter avant de se lancer. Pour débuter, une tenue de sport et une bonne paire de baskets suffisent.

Les chaussures

C'est LA priorité pour s'équiper. Pour éviter les blessures, courir avec de bonnes baskets, c'est essentiel ! Les gammes de prix varient et on peut trouver des modèles qualitatifs à moins de 100 €, mais il est impératif de ne pas choisir ses chaussures à la légère. Idéalement, on se rend en magasin spécialisé et on discute avec les conseillers qui sont souvent de vrais passionnés. On essaye plusieurs marques, plusieurs modèles et on fait très attention à choisir LA taille parfaitement

DÉTERMINER SA FOULÉE

Lorsque l'on observe les semelles des baskets de différents coureurs, on se rend compte que l'usure n'est pas localisée aux mêmes endroits selon les profils… Car chacun a sa propre manière de courir. On appelle ça un « type de foulée », il en existe trois et des modèles de chaussures spécifiques sont étudiés pour chacune d'entre elles. Pour déterminer la vôtre, rien de mieux là encore que de vous rendre en magasin spécialisé… Ces données peuvent paraître un peu techniques, et pourtant c'est loin d'être un détail ! Et il ne faut pas attendre d'être un coureur aguerri pour s'y intéresser. Pour simplifier, votre foulée sera dite « universelle » si lorsque vous courez, votre poids est majoritairement concentré sur le milieu de votre pied ; elle sera dite « pronatrice » si le déroulé du pied se fait plutôt vers l'intérieur ou « supinatrice » si vous atterrissez surtout sur l'extérieur. Selon vos caractéristiques de course, l'amorti de vos chaussures sera adapté par endroits, pour rééquilibrer au maximum votre position et éviter ainsi les blessures.

QUAND CHANGER DE CHAUSSURES ?

Plusieurs signaux d'alarme sont là pour vous indiquer qu'il est temps de renouveler vos baskets ! Soyez vigilant, une paire de chaussures usée peut causer des blessures indésirables et avoir des conséquences fâcheuses pour vos articulations. Ainsi, si vos baskets sont devenues très souples et qu'elles se « plient » trop facilement, c'est mauvais signe ! De même, vérifiez régulièrement l'amorti de vos chaussures, et si vous sentez que le poids de votre foulée n'est plus suffisamment « étouffé » par la semelle intérieure de vos baskets, c'est que le risque de blessure n'est pas loin. Enfin, n'attendez pas que vos semelles extérieures s'effritent... Lorsque l'usure se voit sous la chaussure, c'est qu'il est déjà trop tard et qu'il est largement l'heure de changer son équipement.

adaptée, qui permettra d'éviter les ampoules, les douleurs ou les ongles qui tombent.

Pour bien identifier le modèle qu'il vous faut, il est nécessaire de prendre en compte votre fréquence d'entraînement, votre terrain de jeu favori (bitume, piste, montagne, chemins), mais aussi votre « foulée ».

La tenue

Il existe des dizaines de solutions textiles, de coupes optimisées, de modèles étudiés pour la course à pied, de technologies innovantes intégrées dans les tee-shirts et les leggings de running. Mais avant d'investir dans du matériel technique pour coureur aguerri, commencez tout simplement par choisir une tenue « respirante » dans laquelle vous vous sentirez à l'aise ! Personnellement, je cours souvent avec un ensemble ultra-classique à moins de 10 €, qui ne présente aucun intérêt particulier sinon celui d'être très confortable et de ne me causer aucune gêne pendant l'effort. Selon moi, c'est le seul critère essentiel lorsque l'on choisit sa tenue de course !

Des sous-vêtements sans couture

Le choix des sous-vêtements est important, sous peine de se retrouver avec des irritations ou des petites brûlures désagréables dues aux frottements. Lors de vos sorties, testez plusieurs modèles, et lorsque vous aurez trouvé le bon slip, la bonne culotte, ou le string idéal, réservez-le exclusivement à vos entraînements de running. Il est également important de ne pas négliger le choix de sa brassière de course, autant pour vous sentir à l'aise que pour assurer un bon maintien et préserver votre poitrine. Là encore, assurez-vous que les coutures ou étiquettes éventuelles ne créent aucune gêne ni frottement.

Les chaussettes de course

Comme je ne suis pas très sensible aux ampoules, je cours systématiquement avec des chaussettes classiques. Il suffit qu'elles soient de bonne qualité, en coton et sans couture (comme les chaussettes Leleu de ma collection !), et je m'y sens bien même sur de très longues distances. Mais si vous avez tendance à avoir mal aux pieds lors de vos sorties running, investissez dans des chaussettes spéciales : étudiées spécifiquement pour la pratique de la course à pied, vous les trouverez facilement dans n'importe quel magasin de sport et elles vous permettront d'éviter les irritations, de maintenir la cheville et d'assurer une meilleure évacuation de la transpiration.

Les manchons de compression

Les manchons de compression sont des accessoires à enfiler autour de vos mollets, ils sont très utiles pour favoriser l'oxygénation des cellules, réduire le risque de crampes, et maintenir fermement les muscles du mollet pour plus d'endurance. Leur utilité est encore débattue au sein de la communauté des passionnés de course à pied, et certains y voient surtout un coup marketing ou un effet de mode (il faut avouer que les manchons donnent un super look de sportif !). D'autres sont en désaccord sur le moment opportun pour les porter, soit avant, pendant ou après l'effort. Bref, les avis diffèrent ainsi que les conclusions scientifiques ! Personnellement, j'aime les ajouter à mon équipement et j'ai choisi de les porter pendant mes longues sorties de running, ainsi que tout le reste de la journée…

Un gilet de sécurité

Petit point sécurité important : si vous aimez comme moi vous entraîner en course à pied le matin tôt, lorsque les rues sont encore vides et qu'il fait nuit noire, alors n'oubliez pas qu'il est important d'emmener avec vous de quoi être vu (notamment par les vélos et les voitures). Une petite précaution mais qui peut éviter bien des déconvenues et des dangers.

Vous pouvez mettre un gilet de sécurité, mais aussi un clip réfléchissant voire utiliser une lampe frontale.

La montre

Comme je le répète souvent, dans ma pratique sportive j'ai souvent préféré m'attacher aux ressentis, sans suivre mon évolution chiffrée d'une séance à une autre... Ainsi, je me suis longtemps passée de montre ou de tracker. Mais aujourd'hui, je m'en sers de plus en plus souvent : la montre est évidemment intéressante lorsqu'on veut étudier ses performances, monitorer ses progrès, analyser son entraînement et mieux se connaître. Elle est aussi particulièrement pratique pour suivre en direct le nombre de kilomètres parcourus ! On en trouve à des prix abordables, surtout si vous n'avez pas l'utilité d'un modèle multisport adapté notamment à la natation ou au vélo.

Crème anti-frottement

Les ampoules, les plaies ou les petites brûlures causées par le frottement répété des chaussures ou des coutures, sont les premiers ennemis du coureur. Et il n'est pas rare qu'on soit mis en difficulté par de telles douleurs alors que le cardio, le souffle et les muscles vont encore bien. Pour éviter ces déconvenues, il existe une solution idéale et très simple : la crème anti-frottement. Avant de partir courir, on badigeonne de ce produit miracle les zones les plus susceptibles d'être mises à mal (pieds, poitrine, intérieur des cuisses, etc.), et on anticipe ainsi les petits bobos ! Glissez toujours des pansements double peau dans votre poche, ils serviront de bouclier supplémentaire si une vilaine ampoule venait à pointer le bout de son nez.

ET QUAND IL FAIT FROID ?

S'entraîner en hiver, quelle tannée ! Il fait nuit tôt, il fait froid, il pleut, on est plus fatigué, moins motivé, on a tendance à se laisser un peu aller, et sortir courir peut donc être une véritable corvée. Alors pour commencer, équipez-vous bien ! Un premier pas pour retrouver un peu de volonté, pour diminuer la difficulté des premières foulées à l'extérieur, et pour ne pas dépenser de l'énergie inutilement ! Ne pensez pas « je ne me couvre pas trop, je me réchaufferai sur le chemin » car lorsque votre corps lutte contre le froid, il puise du fuel inutilement dans vos cellules... Il est donc bien plus malin d'économiser cette énergie pour vous donner à fond dans votre sortie. Ajoutez à votre équipement un gilet, un bonnet, un tour de cou, et des gants de running. Leurs matières « respirantes » réguleront davantage l'évacuation de la transpiration, et lutteront contre le vent, le froid et l'humidité... Il est bien entendu qu'on évitera les accessoires en laine tricotés par mamie !

Différents entraînements pour progresser

Il existe plusieurs façons de s'entraîner en course à pied, et elles peuvent dépendre de vos objectifs, de vos préférences, de vos envies... Vous trouverez des dizaines de plans d'entraînement différents sur internet, élaborés, testés et approuvés par des passionnés, et pour la plupart tout à fait qualitatifs... Mais avant de suivre ces programmes, testez ces différentes séances, apprenez à ressentir leurs effets sur votre souffle, sur vos muscles et sur vos sensations...

Sorties en endurance fondamentale

Il s'agit des entraînements « classiques », l'objectif est de courir à votre allure de croisière, sans trop sortir de votre zone de confort. Votre souffle reste relativement maîtrisé, vous devez être capable de parler. Ce type de sorties vous permettra d'entretenir votre condition physique et votre cardio. Elles sont aussi l'occasion de vous vider la tête, de profiter des paysages... de kiffer, tout en restant en forme ! Durée moyenne : 45 minutes.

Travail de « seuil »

Pour améliorer son endurance et habituer son corps à l'effort de course, les séances de seuil sont très utiles. Il s'agit d'intégrer à votre sortie de légères accélérations en continu, qui impliqueront un essoufflement plus important. Vous sortez ainsi davantage de votre zone de confort, et votre organisme « apprend » peu à peu à gérer cet effort et à s'y adapter. Dans le même temps, vous travaillez également votre mental. Exemple de déroulement d'un entraînement en travail de seuil : commencez par un échauffement de

10 à 15 minutes en endurance fondamentale, puis engagez une accélération légère pour 10 à 15 minutes de seuil. Enfin, profitez d'un retour au calme en trottinant légèrement pour bien terminer la séance.

Le fractionné

Ce sont LES séances pour progresser en running. Elles consistent à alterner des moments de forte accélération avec des moments de récupération active (marche ou course légère). Lors des phases d'accélération, votre fréquence cardiaque va grimper. L'objectif est d'être très essoufflé… Le fractionné permet d'améliorer ses capacités cardiaques et musculaires, travailler sa technique et sa foulée, se challenger et apprendre à résister grâce au mental, et maîtriser d'avantage son allure. Le terrain de jeu idéal pour travailler en fractionné reste la piste d'athlétisme, pour éviter les arrêts imposés par la rue, par les passages piétons, ou par les passants sur le trottoir, et pour s'assurer d'un sol régulier et adapté à la pratique. Préparez vos séances en amont en fonction de votre niveau, ne vous surestimez pas, ne vous arrêtez jamais brusquement après la phase d'accélération. Ex : commencez par un échauffement de 15 minutes en endurance fondamentale, puis alternez 30 secondes d'accélérations intenses et 30 secondes de marche (ou course légère). Répétez l'exercice huit fois, soit huit minutes d'entraînement fractionné. Marchez pendant 1min30 pour calmer votre rythme cardiaque, puis répétez les huit minutes d'entraînement fractionné. Enfin, profitez d'un retour au calme en trottinant légèrement pour bien terminer la séance.

Les sorties longues

Comme leur nom l'indique, ce sont des séances de running plus longues que vos sorties habituelles. Adoptez un rythme moyen (celui qui vous convient et vous permet de tenir sur la durée, sans intensité pour ne pas traumatiser votre corps) et lancez-vous pour 1 h 30, 2 heures voire 3 heures de course à pied. La durée d'une sortie longue dépend évidemment de votre niveau, mais représente environ le double de kilomètres que vous avez l'habitude de parcourir. Ce type d'entraînement permet d'habituer votre corps et votre mental à un effort prolongé.

LA VMA

Si vous commencez à vous intéresser à la course à pied, vous entendrez très certainement parler de votre VMA, et d'entraînements à adapter selon vos propres données. La VMA, c'est la « Vitesse Maximale Aérobie », c'est-à-dire l'allure la plus élevée que vous êtes capable de maintenir, alors que votre fréquence cardiaque plafonne à son maximum.

Pour progresser, l'objectif est donc évidemment d'augmenter petit à petit votre VMA, à force d'entraînements et d'exercices de cardio. Il existe des manières de la mesurer par vous-même : équipez-vous d'un chrono, rendez-vous sur une piste d'athlétisme, puis courez le plus vite possible à allure régulière pendant 5 à 6 minutes. Vous obtiendrez votre VMA, soit votre vitesse moyenne lors de cet exercice, calculée en nombre de kilomètres/heure. Sinon, des « tests d'effort » effectués par des professionnels (des médecins du sport par exemple) vous permettront également de connaître votre VMA avec plus de précision.

Les coureurs aguerris se servent de cette donnée pour établir leurs plans d'entraînement et travailler le fractionné, le seuil, l'endurance fondamentale, etc.

Comme à mon habitude, je préfère m'en remettre à mes ressentis. Je sais écouter mon souffle et mes sensations, puis établir l'allure qui me permettra de courir en étant un peu, moyennement ou extrêmement essoufflée. Et c'est ainsi que je m'entraîne, sans jamais avoir pris en compte ma VMA (que je ne connais même pas). Ce choix est tout à fait personnel, et il dépend des différentes manières de faire du sport ou d'envisager ses entraînements. À vous de décider des vôtres !

Comment bien courir ?

On a souvent l'impression que courir, c'est comme marcher, ce sont des mouvements innés qui ne nécessitent pas forcément de s'en remettre à la technique. Et pourtant, la course à pied est un sport qui peut être traumatisant pour les articulations, et qui peut causer certaines blessures récurrentes si on ne corrige pas ses postures. Voici donc quelques conseils simples, qu'il faut connaître et essayer d'appliquer dès vos premières sorties de running. Ils deviendront bientôt de vrais automatismes et vous permettront de prendre soin de votre corps, tout en augmentant vos performances, et en gagnant en souffle et en vitesse.

Ne vous recroquevillez pas !

Gardez toujours le dos droit et vos épaules en arrière : cela vous permettra de mieux respirer, de « libérer » votre cage thoracique trop souvent compressée par des postures voûtées, et de ne pas créer de tension sur le haut du dos.

Allongez et adaptez votre foulée

Évitez les trop grands ou trop petits pas. Votre foulée naturelle dépend de votre taille, de votre corpulence, de votre ossature, etc. Elle ne sera donc pas la même que votre partenaire de course, et elle ne doit pas être « forcée » pour éviter de dépenser de l'énergie inutilement.

Aidez-vous de vos bras

Quand on court, on pense souvent « bas du corps » mais on oublie régulièrement de se servir de ses bras... Et pourtant, ils vous permettront d'aller chercher plus loin et d'obtenir une meilleure amplitude de course.

Parfois, vous sentirez peut-être vos bras tétaniser légèrement, et c'est normal. N'hésitez pas à les relâcher quelques secondes le long du corps, et à les balancer doucement pour détendre vos muscles. Le lendemain de ma reprise de course à pied, alors que je venais de courir 20 km après presque trois mois d'immobilisation, je n'ai pas eu de courbatures aux cuisses, comme j'aurais pu l'imaginer… Mais bien au dos et aux bras. Car c'est aussi eux qui m'ont aidée et portée jusqu'à la ligne d'arrivée.

Ne serrez pas vos poings, même légèrement !

C'est une habitude que prennent de nombreux coureurs, ne sachant pas trop comment positionner leurs doigts. Or, en serrant les mains, vous créerez des tensions inutiles, vous risquerez quelques douleurs dans les articulations des doigts et vous dépenserez inutilement de l'énergie. Personnellement, je cours presque doigts tendus !

LES BLESSURES DE COURSE

La course à pied peut entraîner quelques blessures récurrentes chez les coureurs réguliers. Pour les éviter au maximum, soyez attentif au choix de vos chaussures (voir Comment bien choisir ses chaussures de course et Quand en changer p. 116-117), évitez le surentraînement, apprenez à augmenter progressivement votre vitesse et votre kilométrage, hydratez-vous, étirez-vous, et surtout, écoutez-vous.

Les principales blessures rencontrées en course à pied sont souvent des douleurs au tibia (comme la périostite, que j'ai connue récemment, suite à une semaine surchargée de travail et d'entraînement, durant laquelle je ne m'étais pas assez reposée ni écoutée), au genou (le syndrome des « essuie-glaces »), ou aux lombaires, dans le bas du dos, etc. Irritations, inflammations voire fractures de fatigue ; il peut s'agir d'affections très ennuyeuses qui conduisent parfois à l'arrêt imposé de la pratique.

Les traitements sont presque systématiquement les mêmes pour ces blessures, et sont en général assez frustrants : pour se soigner, il suffit de prendre son mal en patience, se reposer, mettre de la glace sur la zone concernée, et se masser. En cas de douleurs suspectes, consultez systématiquement un ostéopathe, un kiné ou un médecin du sport, et ne laissez pas la blessure s'aggraver. Vous risqueriez une immobilisation bien plus longue et des séquelles plus graves.

Le petit conseil en plus : pour éviter les ongles incarnés, les ongles bleus, les ongles qui tombent ou même les petites coupures d'un orteil à un autre, coupez-vous bien les ongles des pieds avant vos sorties running. Un conseil qui peut paraître évident ou anodin, mais qui peut sauver votre entraînement !

Les différentes courses officielles en course à pied

Quel que soit son niveau, s'inscrire à une course officielle reste le meilleur moyen de se motiver dans ses entraînements. Définissez vos objectifs, n'ayez pas peur de vous lancer des défis et inscrivez-vous ! En course à pied, il n'existe pas de « petit défi », et un 5 km peut être une prouesse pour certains, quand un semi-marathon est une sortie hebdomadaire pour d'autres. Le mot d'ordre n'est pas de chercher à courir le plus de kilomètres possible : le véritable exploit, c'est de se challenger et de sortir de sa zone de confort.

Voici les principales courses officielles qui existent et répondent à différents objectifs :

- Débuter avec un 5 km
- Aller plus loin avec un 10 km
- Oser la longueur avec un semi-marathon
- Affronter la distance reine avec un marathon

Des courses officielles, il y en a partout, tout le temps, à tous les prix. Qu'elles soient gérées par une petite association ou sponsorisées par les plus grosses entreprises du CAC 40, elles ont toutes des ambiances qui leur sont propres et vous permettront de découvrir des paysages et des parcours toujours différents. Alors n'hésitez pas à vous renseigner et à vous lancer. Vous collectionnez bientôt les dossards, les lignes d'arrivée, les larmes de joie et de fierté !

Passer à l'étape supérieure : passion triathlon

Au-delà des épreuves de course à pied, il existe une autre discipline vers laquelle se tournent de nombreux coureurs pour diversifier leurs entraînements et s'ouvrir à d'autres pratiques très complémentaires au running : c'est le triathlon. Le triathlon, c'est l'enchaînement d'une course de natation, d'une course à pied et d'une course à vélo. Le triathlon est devenu un sport :

Les transitions :

Il existe plusieurs distances de triathlon, définies par la fédération internationale :

Format	Distance natation	Distance vélo	Distance course à pied
XXS	250 à 500m	6,5 à 13 km	1,7 à 3,5 km
XS	750 m	20 km	5 km
S	1 500 m	40 km	10 km
M	1 900 à 3 000 m	80 à 90 km	20 à 21 km
L	1 000 à 4 000 m	100 à 200 km	10 à 42 km

IRONMAN

Ironman, ce n'est rien de plus qu'une marque de triathlon ; il s'agit d'une société privée qui s'est spécialisée dans l'organisation d'épreuves de triathlon en moyenne et longue distances. En 40 ans d'existence, la marque Ironman a réussi à construire une véritable communauté de passionnés et à créer des rendez-vous annuels incontournables partout dans le monde. Grâce à leur expertise, à la qualité de leurs évènements et à une excellente maîtrise du marketing sportif, Ironman s'est imposé comme le leader du marché, et deviendrait presque un nom commun pour désigner les triathlons tailles M et L.

En taille M, les distances sont de 1,9 km de natation, 90 km de vélo et 21 km de course à pied pour 113 km de parcours total… Soit une course de 70.3 miles. On l'appelle l'Ironman 70.3, et j'en ai quatre à mon palmarès : celui d'Aix-en-Provence à trois reprises, et celui de Majorque. En taille L, on double ces distances, avec 3,8 km de natation, 180 km de vélo et un marathon (42 km de course à pied). Ce sont les fameux Ironman 140.6, ceux que je préfère. J'ai eu la chance de participer à celui de Panama City Beach en Floride, à celui de Vichy et à celui de Nice. Trois expériences extrêmes, harassantes, uniques et inoubliables.

Il existe aujourd'hui près de 200 courses labellisées Ironman 70.3 et/ou 140.6, présentes sur tous les continents ; certaines sont extrêmement célèbres et cotées, comme l'Ironman 140.6 de Kona, à Hawaï. Ouverte aux meilleurs triathlètes du monde et à quelques chanceux, cet événement désigne aussi le champion du monde de l'Ironman. Participer à cette course-là, ce n'est vraiment pas donné à tout le monde, et il faut souvent passer par plusieurs épreuves de qualification en prenant le départ d'autres Ironman à l'international. Évidemment, passer la ligne d'arrivée à Kona, c'est un de mes objectifs de vie !

L'une des raisons pour lesquelles j'aime tant participer à ces compétitions, c'est qu'elles représentent tout ce qui me fait vibrer. Le dépassement de soi, la rencontre avec ses limites, du partage, de l'émotion et tellement de fierté… Le slogan d'Ironman, c'est le fondement même de ma motivation et il résume à lui seul ma plus grande certitude : *Anything is possible.*

MARATHONS ET IRONMAN, MON PALMARÈS (à compléter !)

Je ne me suis lancée dans l'aventure des courses officielles qu'en 2014. Depuis, je collectionne les dossards, que j'affiche fièrement sur mon mur d'entrée à chaque fois que je franchis une ligne d'arrivée… Ces petits bouts de papiers numérotés, accrochés les uns à côté des autres, portent tellement de souvenirs, d'émotions, de souffrance et de sourires !

Ironman 70.3 – Pays d'Aix – mai 2014

Marathon – Berlin – septembre 2014

Marathon – Paris – avril 2015

Ironman 70.3 – Pays d'Aix – mai 2015

Ironman 140.6 – Vichy – août 2015

Ironman 140.6 – Floride – novembre 2015

Marathon – Paris – avril 2016

Ironman 70.3 – Pays d'Aix – mai 2016

Ironman 140.6 – Nice – juin 2016

Marathon – Chicago – octobre 2016

Marathon – Paris – avril 2017

Ironman 70.3 – Majorque – mai 2017

Marathon – Athènes – novembre 2017

72 km Sainte-Lyon – décembre 2017

Salle de sport

Comment bien choisir sa salle de sport ?

Le choix d'une salle de sport n'est pas anodin, surtout lorsque l'on débute. Il existe plusieurs éléments importants à considérer, et je vous conseille de ne jamais vous arrêter aux seuls critères évidents que sont généralement **la proximité** (pourtant moins essentielle qu'on ne pourrait le croire) et **les tarifs**. Souvent, les différentes enseignes proposent des **journées portes ouvertes** ou des séances d'essai gratuites, idéales pour tester, comparer et explorer plus en détail des salles différentes... Sinon, n'hésitez pas à investir dans des tickets d'entrée s'il le faut, plutôt que de vous engager à l'année dans un club de sport où vous ne mettrez jamais les pieds.

Voici, selon moi, les différents critères à prendre en compte avant de choisir votre club idéal :

Différentes façons de faire du sport

L'AMÉNAGEMENT DE L'ESPACE

Il y a d'abord l'offre globale en termes de qualité du matériel, du nombre de machines proposées et de la diversité des appareils à disposition. Selon vos préférences personnelles, vous souhaiterez peut-être avoir accès à un large choix de bancs et de machines pour la musculation, ou à des grands espaces d'entraînements individuels, ou encore à des tapis de course, ou à toutes sortes de petits matériels (haltères, poids, élastiques, Bosu, Kettlebell, etc.). Si vous êtes sportifs, vous connaissez probablement déjà vos habitudes. En tant que débutant, posez-vous les bonnes questions : **Quelles disciplines vous attirent le plus et quels sont vos objectifs ?** Musculation ? Entraînement seul ? Cours collectifs ? Accès aux machines cardio ?

Chaque salle fait le choix de privilégier certaines activités plutôt que d'autres, par manque d'espace ou de moyens. N'hésitez pas à demander conseil aux professionnels d'accueil, ils vous présenteront leurs espaces et sauront vous aiguiller quant à l'adéquation ou non de leurs installations avec vos objectifs… Le sport, c'est aussi une communauté bienveillante qui vous aidera à trouver les meilleures solutions d'entraînement en fonction de votre profil.

L'ORGANISATION DES COURS

Si vous aimez vous entraîner en groupe, guidés par des professionnels, alors soyez vigilant aux **plannings de cours collectifs proposés, à la diversité de l'offre, à la taille des salles et aux différents taux d'affluence selon les créneaux**. Par exemple, certains clubs ne disposent pas de salle de cycling, d'autres proposent des séances collectives sans instructeur où les consignes sont données via des vidéos préenregistrées, d'autres encore ne peuvent pas proposer toutes les variétés de cours existants (voir Différents cours collectifs pour différents objectifs p. 136).

LES LICENCES

Il existe également des licences très appréciées qui commercialisent dans le monde entier des cours collectifs chorégraphiés (comme la multinationale LesMills® largement leader du marché). Plusieurs fois dans l'année, ces sociétés préparent des enchaînements spécifiques pour différents cours d'aérobic, de danse, de bien-être ou de renforcement musculaire, en sélectionnant des musiques rythmées et adaptées aux mouvements. Ces « chorégraphies » sont ensuite distribuées aux clubs de sport à l'international. Chaque enseigne peut décider ou non de souscrire à cette licence, puis former régulièrement ses propres instructeurs aux chorégraphies sans cesse renouvelées. Ces cours sont alors proposés dans leur planning hebdomadaire.

Le succès de LesMills est d'ailleurs si retentissant que des communautés très fortes sont nées autour de certaines disciplines phares créées par le groupe (BodyAttack®, BodyPump®, BodyCombat®), et la souscription à cette licence peut être considérée par certains comme un prérequis dans le choix d'une salle de sport.

LES CLUBS SPÉCIALISÉS

Enfin, il y a bien sûr les salles qui ne proposent qu'un seul type d'activité. Studios de cross-fit, de danse, de Pilates, de yoga, de cycling, ou simplement une piscine municipale ! Si vous avez testé par le passé plusieurs disciplines mais que vous avez désormais une préférence arrêtée pour un type de sport en particulier, cette solution peut être plus adaptée. Meilleure diversité du matériel proposé, conseils de coachs ultra-spécialisés, et l'opportunité d'intégrer une vraie communauté de passionnés.

L'ambiance globale

Chaque salle a une atmosphère propre qui dépend de plusieurs éléments. Quartier, voisinage, tarifs, aménagement ou matériel... Des critères qui influencent largement le type de fréquentation d'un club. Pour autant, il n'existe pas d'ambiance idéale. Chacun a sa façon d'envisager ses entraînements : certains sont indépendants, aiment le calme et les heures creuses. D'autres préfèrent profiter d'une énergie collective, de conseils de coachs spécialisés, d'horaires imposés par des plannings réguliers. Certains adhérents ne se sentent pas à l'aise dans de trop grands espaces de musculation peuplés d'habitués, d'autres fois il y a trop de monde ou pas assez, trop d'hommes ou trop de femmes, trop de jeunes ou trop de moins jeunes.

Pour certains, une salle de sport est un simple lieu de passage, une étape entre le bureau et la maison ; pour d'autres c'est un véritable repère, voire un deuxième chez soi. Parfois ça peut être un lieu d'échange, de rencontres, de partage, ou juste un endroit feutré hors du monde et hors du temps, où l'on espère ne pas croiser de visage connu. Une salle de sport, ça peut être tant de choses différentes... Voilà pourquoi il est si important de tester plusieurs enseignes, plusieurs concepts et plusieurs clubs afin de trouver l'ambiance qui vous correspond le mieux, à vous.

Certaines applications mobiles proposent des solutions qui facilitent d'ailleurs cette démarche. Payez un abonnement mensuel sans engagement, et pendant une période donnée, il vous ouvrira les portes de plusieurs clubs, de nombreux concepts différents, et vous permettra de tester plusieurs disciplines et divers types de cours... Un peu comme une liasse de tickets d'entrée valables un peu partout. Une fois que vous aurez testé plusieurs endroits, vous pourrez faire le choix de résilier l'abonnement à l'application mobile et vous inscrire dans la salle qui vous convient le mieux... ou pourquoi pas, continuer à papillonner et diversifier vos expériences d'une semaine à l'autre ! Exemples : Zippypass, Gymlib, Tryndo, Urbansportsclub, etc.

Votre emploi du temps

En général, les adhérents des salles de sport s'entraînent majoritairement aux heures de sortie des bureaux... Ce qui a tendance à créer de fortes affluences entre 19 heures et 21 heures, particulièrement dans les clubs situés à proximité de quartiers d'affaires. N'hésitez pas à le prendre en compte lorsque vous choisissez une salle, et à adapter votre emploi du temps en fonction. J'ai connu des cadres dynamiques (et même des parents d'enfants en bas âge) qui s'entraînaient le matin avant de partir travailler, entre midi et deux, ou carrément le soir à partir de 22 heures C'est pourquoi en fonction de vos prédilections, il peut être important de bien vous renseigner sur les horaires des salles qui vous intéresseraient. Il existe notamment de plus en plus de clubs ouverts de 6 heures à 23 heures, voire 24 heures/24.

Personnellement, j'aime y aller le matin très tôt. Non seulement parce que je me lève aux aurores, et parce que mon emploi du temps me donne souvent la possibilité de dormir un peu dans l'après-midi, mais aussi parce que je considère que c'est vraiment le moment idéal pour profiter d'une salle vide, avoir à disposition l'ensemble des machines et des haltères, profiter d'un moment rien qu'à moi et bien commencer la journée !

Les petits plus

Certaines salles disposent parfois d'un sauna, d'un hammam voire d'une petite piscine pour terminer confortablement sa séance de sport. Il peut aussi y avoir des espaces de repos très chaleureux, où l'on s'assoit pour discuter avec d'autres adhérents. D'autres fois, il y a du wifi (pour ceux qui aiment regarder des vidéos YouTube pendant qu'ils sont sur l'elliptique, moi la première !), des magazines mis à disposition, des serviettes proposées gratuitement, du gel douche en libre-service... Vous pouvez tout à fait laisser les petits détails vous aider à trancher !

MA SALLE DE SPORT IDÉALE

- Ouverte aux aurores
- Ouverte les jours fériés
- Mise à disposition du matériel et des machines principales de musculation (Banc, haltères, presse, tirage dos vertical et horizontal, voir pages 147-167) et de cardio (tapis de course, elliptique, vélo)
- Des gens sympathiques et accueillants
- Une belle hauteur sous plafond
- Et puis, cerise sur le gâteau : de jolies lumières pour garantir bonne humeur et qualité du selfie post-training !!

Différents cours collectifs pour différents objectifs

Certains cours collectifs peuvent devenir addictifs et il y en a vraiment pour tous les goûts. Alors ne passez pas à côté ! Beaucoup hésitent avant de se lancer : c'est vrai qu'il faut d'abord oser, ne pas avoir peur de tester, d'intégrer des groupes de passionnés, de se retrouver cerné d'habitués qui connaissent déjà par cœur chaque chorégraphie, etc. Et pourtant, quel dommage de ne pas connaître cette énergie collective unique d'une séance pleine de bonne humeur, de partage et de cohésion !

Alors le temps venu, choisissez un type de cours qui vous ressemble parmi la liste ci-dessous, n'hésitez pas à demander davantage de conseils aux employés de votre club de sport, et tentez l'expérience... Pour votre première fois, préférez un créneau où l'affluence est raisonnable, allez voir l'instructeur pour le prévenir que vous débutez, et pour votre sécurité résistez à l'envie de vous positionner dans le fond de la salle. En effet, en tant que débutants, il vaut mieux se poster à l'avant afin de bien apercevoir les consignes, pouvoir répéter les mouvements correctement, et être vu par le coach pour qu'il puisse éventuellement corriger certaines positions mal exécutées. En plus, l'ambiance est meilleure devant !

Voici un peu plus de détails sur les principaux cours collectifs présents sur les plannings des clubs de sport :

Les cours cardio

Le cœur va monter, vous allez bouger, transpirer, vous affiner, et puis surtout vous éclater ! Pas d'inquiétude, il existe pour chacun des cours listés ici des options à la baisse (accessibles à tous et moins traumatisantes pour les articulations), ou des options à la hausse (pour les plus déjantés, les plus téméraires, et les plus entraînés).

LES COURS D'AÉROBIC

BodyAttack®, BodyCombat®, Cardiotraining, Bodysculpt, etc.

On y travaille globalement toutes les parties du corps les unes après les autres, en privilégiant les sauts, les impulsions, et les mouvements des bras pour faire monter la fréquence cardiaque. Des cours qui défoulent, qui vident la tête, où l'ambiance est souvent très festive, parfois criante et toujours dynamique. Ils sont un peu chorégraphiés et demandent quelques qualités de coordination, mais on s'y fait très vite. Et puis on s'y amuse, on souffre, on se dépasse, et on progresse.

LES COURS DE CYCLING

RPM, biking, spining, etc.

Ces séances de vélo en salle sont tenues dans la pénombre, ce qui vous permet d'avoir le sentiment très agréable d'être seul avec vous-même, tout en partageant l'énergie collective du cours. Ce sont ces concepts qui m'ont fait prendre goût à la pratique du vélo, qui m'ont donné envie d'aller plus loin et de me mettre au triathlon.

Le cycling permet un travail intense du bas du corps et du cardio, et ce sans impact. Sur votre vélo, une petite manivelle située devant la selle vous permet de régler la résistance de l'appareil. Plus vous la serrez (dans le sens des aiguilles d'une montre), plus difficile sera l'impulsion à donner pour pédaler. Ce système ingénieux permet notamment de simuler des chemins plats ou des descentes (travailler le sprint et faire monter son cœur), ou bien des côtes (pédaler devient presque impossible et demande un effort musculaire important).

Tout au long de la séance, le coach est là pour vous aiguiller quant au réglage de votre résistance en fonction des enchaînements, mais vous et vous seul possédez le contrôle de votre appareil. Vous décidez donc de la difficulté de l'exercice : moins de pression, plus d'intimité dans son effort, moins d'exposition au jugement (imaginaire) des autres. Personne d'autre que vous ne connaîtrez la résistance effective de votre vélo ! Lorsqu'il est géré correctement, ce cours peut véritablement créer des sensations très intenses.

Pour pratiquer le cycling, vous avez la possibilité de venir avec vos baskets traditionnelles, mais vous pouvez également vous équiper de chaussures spéciales (voir page 95). Elles sont munies d'un petit mécanisme sous la semelle qui se fixe directement sur la pédale : vous ne faites plus qu'un avec votre vélo ! L'utilisation de ce type de chaussures multiplie les sensations, et je vous les conseille vivement. Il existe des modèles premiers prix tout à fait qualitatifs pour commencer, et vous en trouverez dans n'importe quel magasin de sport.

Les cours de renforcement musculaire

Je vous conseille fortement de compléter vos entraînements cardio par du renforcement musculaire : de nouvelles sensations, une autre façon de travailler son mental, et surtout l'assurance d'un corps tonique et galbé. Pour ce faire, il y a l'espace musculation (voir page 168) ou les cours de renforcement musculaire pour une ambiance plus ludique et conviviale.

LES COURS CIBLÉS

CAF = Cuisses/Abdos/Fessiers, Abdos express, Pompes express

Ces cours proposent un travail isolé et aident à progresser. Idéales pour tonifier ses abdominaux ou renforcer son bas du corps, ces activités permettent de se tonifier et de s'affiner. Les mouvements au poids du corps se succèdent sans impact, au sol ou debout (crunchs, squats, fentes, extensions de jambes...) parfois complétés par des exercices avec accessoires (élastiques ou poids légers). Ces cours sont accessibles à tous les profils, et il existe des options à la hausse ou à la baisse pour chaque enchaînement. Un premier pas idéal pour se muscler et découvrir les sensations propres à la musculation.

LES COURS DE PUMP

Body Barre, Body Pump®

Voilà une autre activité qui rassemble une grosse communauté de passionnés ! Elle permet de renforcer l'ensemble des groupes musculaires, tout en faisant monter le cœur, et ce, sans impact. La pratique requiert l'utilisation d'une barre que vous chargez à l'aide de poids libres, à votre aise et selon votre niveau. Dix pistes musicales s'enchaînent, chacune ciblée sur le travail d'un groupe musculaire particulier. On passe du travail des quadriceps, aux pectoraux, au dos, en passant par les triceps, les abdominaux, etc., pour finir par un peu de stretching. Toutes les zones du corps y passent, dans une ambiance ludique et extrêmement motivante, sur des musiques enthousiasmantes et d'actualité qui stimulent l'effort et le dépassement de soi. C'est l'exercice parfait pour découvrir les sensations propres à la musculation, et pour vous donner goût à ce travail musculaire et nerveux, si fort et si particulier.

Débutants, n'hésitez pas à prévenir le coach, il vous guidera tout au long de la séance quant aux charges à adopter. Ne vous laissez surtout pas intimider par le matériel et le ballet des changements de poids entre les chansons, il suffit d'une séance pour comprendre le principe et apprendre à personnaliser ses charges en fonction de ses sensations. Pour éviter les blessures et optimiser l'efficacité de la séance, il est important de soigner ses postures et de s'assurer de la bonne exécution des mouvements. Le coach saura vous aiguiller et vous aider à adopter les meilleures positions possible.

LE TRX®

Si vous êtes intéressé par le renforcement musculaire, sans être encore décidé à vous tourner vers la « fonte », il existe un cours original et très efficace qui privilégie un travail au poids de corps, tout en faisant intervenir gravité, agilité et souplesse. Le TRX® est un concept créé par les forces spéciales américaines : des suspensions accrochées au plafond vous permettent d'enchaîner les exercices de façon insolite mais très exigeante. On travaille alternativement les bras, les jambes, les abdominaux et les fessiers, en revisitant certains exercices classiques (planche, squats, pompes...), mains ou pieds calés en suspension dans les sangles. Le centre de votre corps est constamment sollicité, ce qui permet un travail intense de gainage. Le TRX® aide à développer sa force en garantissant des muscles fins et harmonieux. C'est aussi une façon de s'entraîner différemment, de changer sa routine de musculation, de travailler ses muscles et sa concentration.

concept 2

Les cours de danse

On trouve de très bons cours de danse dans de nombreuses salles de sport, des cours chorégraphiés qui permettent de s'amuser, de se lâcher, de libérer son corps tout en brûlant un maximum de calories. Il existe plusieurs formes de cours différents, qui proposent des chorégraphies plus ou moins faciles à suivre, plus ou moins endurantes, et qui mélangent les styles (latino, danse africaine, ou tubes populaires des top 50) mais toujours sur de la musique dynamique pour un entraînement complet.

La plupart de ces activités (sh'bam, bodyjam, zumba...) vous permettent surtout de vous évader, de vous éclater, et de vous dépenser sans vraiment vous en rendre compte. C'est d'ailleurs une excellente façon pour commencer le sport, pour vous motiver à aller régulièrement à la salle et pour prendre goût à l'effort. D'autres cours chorégraphiés se rapprochent de l'entraînement aérobique et vous demanderont davantage de forme physique, de coordination, et de concentration (LIA, step). Il existe alors des cours organisés par niveau (débutants, moyens, confirmés) qui vous permettront d'apprendre progressivement les pas et les enchaînements.

Si vous aimez bouger en rythme, si à chaque fois que vous écoutez de la musique vous avez envie de danser, si vous voulez apprendre à libérer vos mouvements, ces différents cours ludiques sont faits pour vous, n'hésitez pas à tester chacun d'entre eux pour trouver celui qui vous conviendra le mieux.

Les cours bien-être

On m'a souvent dit que pour canaliser mon énergie, j'aurais grand intérêt à me tourner vers les cours de bien-être, qui ne font pas suffisamment partie de ma routine sportive. En effet, je ne suis pas très adepte de ces activités, car je préfère bouger davantage, être à bout de souffle, transpirer à outrance, et que j'ai du mal à me poser et à centrer ma concentration trop longtemps. Je ne m'étendrai donc pas avec précision sur ces pratiques, ne les maîtrisant pas suffisamment moi-même.

Néanmoins, il est important de les évoquer car **elles présentent indiscutablement de nombreux avantages** et rassemblent de plus en plus d'adeptes. Idéales pour s'assouplir, s'épanouir, prendre conscience de sa respiration, travailler ses muscles en profondeur, elles proposent chacune des méthodes différentes, plus ou moins intenses mais toutes très efficaces.

De nombreux sportifs affirment d'ailleurs que ces activités les aident à progresser dans la pratique quotidienne de leur sport. N'hésitez donc pas à demander conseil aux coachs spécialisés, à tester les différentes activités proposées et à les intégrer ponctuellement dans votre programme pour compléter vos entraînements.

LE PILATES

En assurant un entraînement doux et efficace, qui cible le centre du corps et les muscles profonds, Le Pilates vous aide à améliorer votre posture au quotidien, à mieux maîtriser votre respiration et à retrouver un bon équilibre corporel. C'est aussi un cours idéal pour se ressourcer et faire le vide en se concentrant sur ses mouvements, et ce dans une ambiance calme et sereine, sur une musique douce et relaxante. Le Pilates est une pratique accessible à tous (pas d'impact, exercices à adapter selon sa musculature et selon sa souplesse). Néanmoins, ne vous attendez pas à une séance de totale détente : souvent considérée à tort comme un sport facile, cette méthode impose un vrai travail sur vos muscles profonds, et vous risquez fortement d'en ressortir courbaturé... Et tant mieux ! La plupart du temps, les passionnés de Pilates abordent d'ailleurs un corps particulièrement galbé, sculpté et tonique. Les accros à la musculation n'ont qu'à bien se tenir !

LE YOGA

Tandis que les passionnés peuvent se tourner vers des studios spécialisés, les salles de sport sont de plus en plus nombreuses à intégrer le yoga dans leur planning de cours collectifs. Cette activité permet de se relaxer tout en renforçant l'ensemble des groupes musculaires. On y travaille la concentration, la respiration, la méditation mais aussi le gainage, la souplesse et la force. Il existe une dimension spirituelle qui rend l'exercice particulièrement enrichissant, et qui peut vous aider à améliorer vos ressentis, votre relation avec le corps et l'esprit, et vous aider à vous épanouir dans votre vie quotidienne. C'est pourquoi le yoga rassemble une importante communauté de passionnés et a largement gagné en popularité depuis quelques années. Certaines formes de yoga, comme le Vinyasa, sont plus toniques et dynamiques que d'autres, plus douces comme le Hatha. Il y en a donc pour tous les goûts !

LE BODY BALANCE®

Un cours en douceur qui allie des exercices de yoga, de Pilates et de tai chi. Lors de mes formations professionnelles, les multiples subtilités des mouvements du Body Balance en faisaient le cours le plus compliqué à apprendre en tant que coach !

Si votre emploi du temps vous le permet, cette activité est idéale pour terminer une séance de musculation ou de cardio intense, pendant laquelle vous aurez bien transpiré. Elle vous permettra un retour au calme agréable pour vos muscles et vos articulations, en prolongeant le travail musculaire et en alliant étirements, relaxation et exercices d'équilibre.

LE STRETCHING

Tout sportif, qu'il soit occasionnel ou expert, le sait : s'entraîner rime avec s'étirer. En effet, il faut savoir prendre l'habitude de s'étirer, autant pour votre santé, que pour votre bien-être mais aussi pour améliorer vos performances sportives. Ces mouvements vous permettront de progresser en termes de souplesse, de vous affiner et de prévenir les courbatures. Inutile d'enchaîner de longues séances d'étirements après chacun de vos entraînements, quelques mouvements bien exécutés suffisent. Néanmoins, il est particulièrement recommandé d'intégrer un cours hebdomadaire de stretching dans votre routine sportive. La pratique guidée par un coach vous permettra d'adopter les bonnes postures, de détendre vos muscles, de relâcher les tensions, et de repartir boosté, prêt à affronter les entraînements des jours suivants !

Comprendre et débuter la musculation

On ne vous le répétera jamais assez, la musculation n'est pas un sport destiné uniquement aux hommes qui souhaitent gagner en volume. Il ne faut pas confondre musculation et haltérophilie ou power-lifting. Le renforcement musculaire, c'est la solution pour gagner en endurance musculaire, en force mentale et en puissance ; c'est aussi une pratique idéale pour se tonifier, s'affiner, améliorer sa posture au quotidien, et se sentir mieux dans son corps.

En tant que coach sportif, je conseille systématiquement la pratique de la musculation en salle en complément d'entraînements aérobiques et cardio (course à pied, natation, vélo ou autres cours collectifs en salle) et ce, quels que soient les objectifs de mes clients. En plus d'être extrêmement bénéfique pour progresser en force et en endurance, permettre de mieux découvrir son anatomie et de tonifier le corps, la musculation ouvre de nouvelles perspectives de travail et offre des sensations intenses et inédites. Sans compter qu'elle aide à prévenir les blessures, en renforçant vos tendons et en aidant à la régénération des articulations.

Alors oubliez les clichés (« mais je vais gonfler ! »), dépassez votre angoisse d'entrer dans l'espace musculation (allez voir les conseils page 168), intéressez-vous de plus près au sujet, et foncez ! Vous deviendrez vite totalement accro à l'effort nerveux, à la douleur musculaire et bien sûr, aux résultats.

Voici quelques règles d'or à connaître avant de débuter la pratique de la musculation :

Règle n° 1
Préparez le déroulement de votre séance

Généralement, une séance de musculation est divisée en plusieurs exercices différents, que l'on exécute chacun plusieurs fois d'affilée. On dit alors qu'on travaille par séries de plusieurs répétitions. Par exemple, une séance d'une heure peut être composée d'une dizaine d'exercices ; lors du passage sur la première machine, on effectue une première série en répétant d'abord un même mouvement douze fois de suite à allure régulière. Après une courte pause, nécessaire pour récupérer, on peut enchaîner encore trois fois ces séries de douze répétitions, entrecoupées de courtes pauses, puis changer de machine. Le rythme d'un entraînement de musculation sera ainsi déterminé par le nombre de répétitions du mouvement, le nombre de séries enchaînées, et la durée de la pause effectuée.

En général, une séance correspond au travail d'un ou deux groupes musculaires, ce qui permet d'aller chercher la fatigue musculaire maximum, de multiplier l'effort sur une même zone et d'accentuer l'efficacité d'un entraînement. On parle par exemple de **séances ciblées** « Triceps/Biceps », ou « Pectoraux/Dos ». Ces différents duos sont dits muscles « agonistes » et « antagonistes », c'est-à-dire que lors d'un mouvement, l'un se contracte lorsque l'autre se tend. En alternant des exercices sur ces duos de muscles symétriques, on développe harmonieusement sa silhouette pour un bon équilibre général du corps. On peut aussi choisir d'effectuer une **séance plus globale** en travaillant les jambes (quadriceps, fessiers, ischios), ou en « full body » soit un enchaînement de mouvements hauts et bas du corps. L'idéal est d'alterner les différents entraînements, et de trouver la routine qui vous correspond le mieux. Demandez conseil à un coach spécialisé qui vous aidera à construire un programme adapté.

Règle n° 2
Adaptez vos charges à votre niveau et à vos sensations

Il n'existe pas de recommandations types quant aux charges à adopter selon les machines. Elles dépendent évidemment de votre niveau, mais aussi de votre souplesse, de vos prédispositions morphologiques, de vos objectifs et de vos préférences personnelles. En tant que débutant, il est tout à fait possible d'être naturellement fort sur un groupe musculaire particulier, sur lequel vous pourrez vous challenger plus facilement avec des charges plus importantes. Au contraire, certaines zones vous seront certainement plus difficiles à travailler et à développer, et il est tout à fait normal de commencer par des charges légères, voire avec des barres à vide. La progression se fera sentir peu à peu.

EXEMPLE D'UNE STRUCTURE DE SÉANCE

Voici un tableau qui simplifie au maximum le concept de séries en musculation, mais qui permet de comprendre les différents déroulements d'entraînements, à adapter selon ses objectifs. Ne vous basez pas sur cet exemple extrêmement simplifié pour préparer vos propres séances, consultez toujours un coach qui vous aidera à mettre en place un programme personnalisé correspondant à votre profil.

Objectif	Nb de séries	Nb de répétitions	Temps de pause	Charge
Gagner en force	3 à 5	Séries courtes Moins de 4 répétitions	Jusqu'à 8 minutes !	Charges très lourdes
Prendre de la masse	8 à 12	Séries moyennes 6 à 8 répétitions	2 à 3 minutes	Charges lourdes
Se tonifier	10 à 12	Séries longues 10 à 15 répétitions	1 minute	Charges moyennes

Quoi qu'il en soit, les charges idéales sont celles qui vous permettent d'effectuer les mouvements correctement et entièrement, de terminer vos séries. Si vous vous apercevez au milieu d'une série que vous avez trop chargé ou pas assez, vous pouvez tout à fait revenir à votre position de départ, sans contraction, puis modifier vos charges en plein milieu de l'exercice.

Pour connaître les charges qui vous conviennent, une seule solution : testez ! Lorsque vous découvrez une machine de musculation pour la première fois, effectuez quelques enchaînements avec des charges minimales, puis augmentez petit à petit. N'hésitez pas à noter les poids utilisés lors de chaque exercice si cela vous rassure.

Règle n° 3
Vérifiez tous vos réglages avant d'entamer vos exercices

Comme lorsque vous entrez dans un véhicule, quelques réglages sont obligatoires sur la plupart des machines. Ils dépendent évidemment de votre morphologie, de votre gabarit et de votre corpulence (taille, longueur des bras, souplesse, etc.). Comme pour l'ajustement du siège et des rétroviseurs dans une voiture, vous et vous seul pouvez régler votre machine pour adopter une position de départ idéale… Ne vous inquiétez pas, même en tant que débutant vous saurez tout à fait « sentir » si les réglages ne sont pas adéquats. Plusieurs manettes servent alors à ajuster votre position. Là encore, pas d'inquiétude, comme dans une voiture, elles sont généralement situées à proximité du siège et facilement repérables.

Règle n° 4
Gardez en tête les rudiments d'un positionnement idéal et sécuritaire.

Chaque machine répond à un mode de fonctionnement bien précis, et pour optimiser son entraînement sans risquer les blessures, prenez soin de bien lire les instructions de sécurité ci-dessous. Lors de vos premières séances, n'hésitez pas à demander conseil à des coachs spécialisés, sans craindre de poser des questions de débutant. Car en musculation, l'efficacité d'un mouvement passe avant tout par l'adoption d'une bonne posture.

Néanmoins, il existe quelques règles universelles à respecter impérativement sur toutes les machines (et plus largement, lors de toutes sortes d'entraînement sportif) :

- Gardez toujours vos abdominaux gainés, ils vous permettront de fixer votre torse. Or, en serrant bien votre centre et en rentrant votre ventre, vous vous assurez que les mouvements proviennent bien des muscles ciblés et vous optimisez l'efficacité de vos entraînements.

- Faites attention à vos lombaires ! Cette zone est souvent mise à mal lorsque les mouvements sont mal effectués. Assurez-vous de garder le dos droit, bien plaqué au sol ou sur le siège, et si quelques petites douleurs commencent à se manifester, n'hésitez pas à revoir votre posture ou à demander conseil à un professionnel.

- Grandissez-vous ! Imaginez un fil sur le haut de votre crâne, qui vous tirerait doucement vers le plafond, serrez bien vos omoplates et baissez vos épaules. D'une façon générale, chaque morphologie a une histoire personnelle, des positionnements naturels qui lui sont propres, des forces ou des faiblesses. N'hésitez donc pas à signaler toute blessure au coach, et lui demander des conseils en fonction de vos antécédents.

Règle n° 5
Écoutez-vous !

Sensations, douleurs saines, douleurs suspectes, charges, temps de pause, etc. Il existe de nombreuses théories, des expertises de coach, des programmes et des conseils, mais pour s'assurer de l'efficacité des exercices et de leur bonne exécution, il n'y a rien de mieux que vos propres ressentis.

10 machines de musculation

mode d'emploi

La presse à cuisse inclinée

Idéal pour travailler : les quadriceps, les fessiers, les ischio-jambiers (arrière des cuisses), les mollets, les lombaires et les abdominaux.

Mode d'emploi

A. Choisissez vos disques de charge en fonction de votre niveau, puis placez-les de chaque côté de la plateforme (sur des petites barres latérales proéminentes prévues à cet effet). Si vous êtes débutant, commencez sans charge puis augmentez progressivement jusqu'à trouver la charge qui vous correspond.

B. Placez-vous sur le siège, légèrement allongé selon l'inclinaison du dossier. Vos pieds sont posés sur la plateforme en face de vous, écartés à la largeur des épaules, pointes légèrement ouvertes vers l'extérieur.

C. Pour adopter une position de départ idéale et effectuer ensuite le mouvement recherché, il s'agit d'abord de déverrouiller la presse (bloquée pour l'instant en position de sécurité). Pour ce faire, effectuez une petite pression sur la plateforme à l'aide de vos jambes afin de la lever légèrement, saisissez les deux poignées qui se trouvent de chaque côté de vos hanches et tournez-les vers l'extérieur.

D. En position de départ, le poids des charges et de la plateforme repose désormais sur vos jambes, qui doivent être légèrement fléchies. Vous êtes prêts pour commencer l'exercice.

E. Descendre lentement la charge en fléchissant les genoux, aussi bas que possible. Le poids repose principalement sur vos talons. L'objectif est ici de résister à la gravité et aux poids des charges, en contrôlant la descente à un rythme régulier.

F. Remonter doucement la charge vers le haut, en contractant les cuisses et les fessiers, jusqu'à retrouver votre position de départ. Résistez à l'envie d'effectuer l'exercice trop rapidement, c'est dans le contrôle du mouvement que vous multiplierez les sensations et travaillerez le plus efficacement possible. Répétez l'enchaînement à un rythme régulier.

LA SÉCURITÉ

- Attention, tout le long de l'exercice, la surface du dos (et particulièrement les lombaires) reste bien appuyée contre le dossier. Il est important d'arrêter le mouvement avant que votre bassin ne se décolle. L'amplitude du mouvement dépend notamment du niveau de souplesse de vos hanches, propre à chacun.
- Les genoux restent dans l'axe du pied.
- Les charges reposent principalement sur les talons (entraînez-vous à décoller les orteils de la plateforme pour vous en assurer).

Le
squat
guidé

Idéal pour travailler : les quadriceps, les adducteurs, les fessiers, les ischio-jambiers (arrière des cuisses), les lombaires et les abdominaux.

Mode d'emploi

A. Choisissez vos disques de charge en fonction de votre niveau, puis placez-les de chaque côté de la plateforme (sur des petites barres latérales proéminentes prévues à cet effet). Si vous êtes débutant, commencez par une barre à vide, puis augmentez progressivement jusqu'à trouver la charge qui vous correspond.

B. Debout, placez la barre sur vos trapèzes, derrière votre nuque et attrapez-la avec les deux mains. Vos pieds sont légèrement plus écartés que la largeur de vos hanches, pointes légèrement ouvertes vers l'extérieur.

C. Pour adopter une position de départ idéale et effectuer ensuite le mouvement recherché, il s'agit d'abord de déverrouiller la barre (bloquée pour l'instant en position de sécurité). Pour ce faire, tournez vos poignets vers l'arrière de façon à faire pivoter la barre à 90° dans le sens des aiguilles d'une montre. Les charges reposent désormais sur vos épaules.

D. La technique des squats guidés est la même que celle des squats simples (expliqués page 198). En position de départ, vos genoux sont légèrement fléchis.

E. Fléchissez les jambes comme si vous cherchiez à vous asseoir sur une chaise invisible.

F. Pour plus de sensations, essayez de descendre le plus bas possible, en approchant vos fesses au plus près du sol, toujours en maintenant le dos droit et les abdominaux gainés.

G. Remontez doucement vers le haut, sans tendre tout à fait les jambes, mais en gardant les genoux légèrement fléchis pour ne pas abîmer les articulations. Répétez l'enchaînement à un rythme régulier.

H. Lorsque vous avez terminé une série d'enchaînements et que vous êtes revenu en position de base, refermez vos poignets vers l'intérieur en faisant pivoter la barre à 90° dans le sens inverse des aiguilles d'une montre ; deux crochets immobilisent la barre et vous permettent de faire une pause ou d'arrêter l'exercice. Ainsi, si la charge est trop lourde et que vous ne parvenez pas à terminer le mouvement, pas de panique ! C'est l'avantage de la machine guidée, vous pouvez bloquer facilement la barre en position de sécurité, soulager vos cuisses et vos épaules, puis alléger les charges si nécessaire avant de reprendre l'enchaînement.

LA SÉCURITÉ

- Le squat guidé permet une position un peu plus sécuritaire que le squat libre : le dos reste plus droit et les lombaires sont davantage soulagées. Néanmoins, assurez-vous de soigner votre position de départ.
- Vérifiez que vos pieds sont bien placés sous vos genoux (ni trop en avant, ni trop en arrière, pour ne pas abîmer les articulations).
- Les charges reposent principalement sur les talons.
- Évitez de cambrer le dos.

Les adducteurs

Idéal pour travailler : les adducteurs (intérieur des cuisses)

Mode d'emploi

A. Asseyez-vous sur le siège et ouvrez les jambes de façon à coincer les coussins rembourrés (situés au niveau de vos genoux) entre vos cuisses. Posez vos pieds sur les cales prévues à cet effet.

B. Pour parvenir à cette position de départ, vous aurez besoin d'un peu de souplesse. En cas de difficulté, une petite manette sous votre siège permet de réduire l'écart entre les deux coussins.

C. Pour régler vos charges, des plaques d'acier trouées et numérotées vous indiquent les poids des charges devant vous. Insérez la petite tige amovible dans le bloc choisi en fonction de votre niveau. Si vous êtes débutant, commencez par une charge minimale, puis augmentez progressivement jusqu'à trouver la charge qui vous correspond.

D. Bloquez votre dos et vos lombaires contre le siège, attrapez les poignées latérales pour vous aider à garder votre buste droit et immobile pendant l'exercice, puis refermez vos jambes au maximum, en luttant contre la résistance des charges.

E. Revenez doucement à votre position de départ, en contrôlant le mouvement. Répétez l'enchaînement à un rythme régulier.

LA SÉCURITÉ

- Si vous avez des problèmes de genoux, ne choisissez pas des charges trop lourdes : cet exercice impose en effet une petite pression sur ces articulations.
- Attention, tout le long de l'exercice, la surface du dos (et particulièrement les lombaires) reste bien appuyée contre le dossier. Il est important d'arrêter le mouvement avant que votre bassin ne se cambre. Serrez les mains autour des poignées prévues à cet effet pour vous aider à garder une meilleure posture.
- Selon votre souplesse, n'hésitez pas à réduire l'ouverture initiale de vos jambes à l'aide de la manette située sous votre siège pour éviter de vous blesser. En répétant régulièrement cet exercice, la souplesse de vos adducteurs progressera et vous gagnerez de l'amplitude.

Les abducteurs

Idéal pour travailler : les abducteurs et les fessiers.

Mode d'emploi

A. Asseyez-vous sur le siège et calez vos jambes à l'intérieur des coussins rembourrés (situés au niveau de vos genoux). Posez vos pieds sur les cales prévues à cet effet.

B. Pour régler vos charges, des plaques d'acier trouées et numérotées vous indiquent les poids des charges devant vous. Insérez la petite tige amovible dans le bloc choisi en fonction de votre niveau. Si vous êtes débutant, commencez par une charge minimale, puis augmentez progressivement jusqu'à trouver la charge qui vous correspond.

C. Bloquez votre dos et vos lombaires contre le siège, attrapez les poignées latérales pour vous aider à garder votre buste droit et immobile pendant l'exercice, puis ouvrez vos jambes au maximum, en luttant contre la résistance des charges.

D. Revenez doucement à votre position de départ, en contrôlant le mouvement. Répétez l'enchaînement à un rythme régulier.

LA SÉCURITÉ

- Si vous avez des problèmes de genoux, ne choisissez pas des charges trop lourdes : cet exercice impose en effet une petite pression sur ces articulations.
- Attention, tout le long de l'exercice, la surface du dos (et particulièrement les lombaires) reste bien appuyée contre le dossier. Il est important d'arrêter le mouvement avant que votre bassin ne se cambre. Serrez les mains autour des poignées prévues à cet effet pour vous aider à garder une meilleure posture.

Leg curls

Idéal pour travailler : les ischio-jambiers (arrière des cuisses)

Mode d'emploi

A. Asseyez-vous sur le siège en plaçant vos cuisses sous le premier rouleau (situé au niveau de vos genoux). Posez ensuite vos mollets sur le deuxième rouleau, plus bas. Vos jambes sont ainsi confortablement coincées entre ces deux « boudins ».

B. Pour régler vos charges, c'est sur le côté que ça se passe : des plaques d'acier trouées et numérotées vous indiquent les poids des charges. Insérez la petite tige amovible dans le bloc choisi en fonction de votre niveau. Si vous êtes débutant, commencez par une charge minimale, puis augmentez progressivement jusqu'à trouver la charge qui vous correspond.

C. Pliez vos genoux et ramenez doucement vos mollets vers le bas, en luttant au maximum contre la résistance des charges. Les ischio-jambiers se contractent.

D. Remontez le plus lentement possible vers votre position d'origine, en contrôlant le mouvement. Répétez l'enchaînement à un rythme régulier.

LA SÉCURITÉ

- Si vous avez des problèmes de genoux, ne choisissez pas des charges trop lourdes : cet exercice impose en effet une petite pression sur ces articulations.
- Attention, tout le long de l'exercice, la surface du dos (et particulièrement les lombaires) reste bien appuyée contre le dossier. Il est important d'arrêter le mouvement avant que votre bassin ne se cambre. Serrez les mains autour des poignées prévues à cet effet pour vous aider à garder une meilleure posture.

Leg extensions

Idéal pour travailler : les quadriceps

Mode d'emploi

A. Asseyez-vous sur le siège et calez vos pieds sous les rouleaux (situés au bas de vos tibias).

B. Pour régler vos charges, c'est sur le côté que ça se passe : des plaques d'acier trouées et numérotées vous indiquent les poids des charges. Insérez la petite tige amovible dans le bloc choisi en fonction de votre niveau. Si vous êtes débutant, commencez par une charge minimale, puis augmentez progressivement jusqu'à trouver la charge qui vous correspond.

C. Bloquez votre dos et vos lombaires contre le siège, attrapez les poignées latérales pour vous aider à garder votre buste droit et immobile pendant l'exercice, puis remontez vos pieds. Essayez de monter vos tibias le plus haut possible, en luttant au maximum contre la résistance des charges et sans tendre tout à fait vos jambes. Les quadriceps se contractent.

D. Repliez vos genoux et ramenez vos jambes doucement vers les bas, en contrôlant le mouvement. Répétez l'enchaînement à un rythme régulier.

LA SÉCURITÉ

- Si vous avez des problèmes de genoux, préférez la presse ou les squats simples pour travailler vos quadriceps, cet exercice impose en effet une pression importante sur ces articulations.
- Attention, tout le long de l'exercice, la surface du dos (et particulièrement les lombaires) reste bien appuyée contre le dossier. Il est important d'arrêter le mouvement avant que votre bassin ne se cambre. Serrez les mains autour des poignées prévues à cet effet pour vous aider à garder une meilleure posture.
- Gardez les pieds parallèles, pour éviter tout problème aux articulations.

Tirage poitrine

Idéal pour travailler : le dos, les trapèzes, les biceps, les deltoïdes

Mode d'emploi

A. Pour régler vos charges, des plaques d'acier trouées et numérotées vous indiquent les poids des charges devant vous. Insérez la petite tige amovible dans le bloc choisi en fonction de votre niveau. Si vous êtes débutant, commencez par une charge minimale, puis augmentez progressivement jusqu'à trouver la charge qui vous correspond.

B. Debout, attrapez la barre de traction au-dessus de vous, mains bien écartées, au-delà de la largeur de vos épaules.

C. Gardez la barre dans vos mains tout en vous asseyant sur le siège. Calez vos genoux sous les rouleaux prévus à cet effet.

D. Penchez-vous légèrement vers l'arrière, puis ramenez la barre vers votre poitrine en tirant vos coudes vers le bas et en luttant au maximum contre la résistance des charges. Le mouvement ne doit pas venir principalement de vos bras, mais de la force de votre dos, et en aucun cas d'un va-et-vient de votre buste.

E. Remontez doucement vos bras, en contrôlant le mouvement mais sans tendre tout à fait vos bras, pour épargner vos articulations. Répétez l'enchaînement à un rythme régulier.

LA SÉCURITÉ

- Attention, votre buste reste le plus immobile possible tout au long de l'exercice.
- Votre poitrine est légèrement ouverte vers le plafond, mais ne cambrez pas vos lombaires et gainez bien vos abdominaux.

Presse pec

Idéal pour travailler : les pectoraux, les épaules et les triceps

Mode d'emploi

A. Pour régler vos charges, des plaques d'acier trouées et numérotées vous indiquent les poids des charges devant vous. Insérez la petite tige amovible dans le bloc choisi en fonction de votre niveau. Si vous êtes débutant, commencez par une charge minimale, puis augmentez progressivement jusqu'à trouver la charge qui vous correspond.

B. Asseyez-vous, bloquez votre dos et vos lombaires contre le siège, et posez vos pieds à terre, ils vous serviront d'appui pour bien réaliser le mouvement.

C. Attrapez les poignées sur les côtés, en fléchissant bien les coudes vers l'arrière à la hauteur de vos épaules.

D. Poussez les poignées en tendant vos bras vers l'avant et en luttant au maximum contre la résistance des charges.

E. Revenez doucement en position de départ, en contrôlant le mouvement. Répétez l'enchaînement à un rythme régulier.

LA SÉCURITÉ

- Attention, tout le long de l'exercice, la surface du dos (et particulièrement les lombaires) reste bien appuyée contre le dossier. Gainez bien les abdominaux.
- En repliant les coudes, ne les amenez pas trop loin vers l'arrière pour ne pas trop tirer sur vos pectoraux, et reprenez directement le mouvement de poussée vers l'avant pour optimiser l'effort.

Élévations latérales épaules

Idéal pour travailler : les deltoïdes

Mode d'emploi

A. Pour régler vos charges, des plaques d'acier trouées et numérotées vous indiquent les poids des charges devant vous. Insérez la petite tige amovible dans le bloc choisi en fonction de votre niveau. Si vous êtes débutant, commencez par une charge minimale, puis augmentez progressivement jusqu'à trouver la charge qui vous correspond.

B. Asseyez-vous, bloquez votre dos et vos lombaires contre le siège, et posez vos pieds à terre, ils vous serviront d'appui pour bien réaliser le mouvement.

C. Placez vos mains sur les cales prévues à cet effet, en positionnant vos coudes fléchis sous les rouleaux.

D. Montez vos bras vers l'horizontale en luttant au maximum contre la résistance des charges.

E. Revenez doucement en position de départ, en contrôlant le mouvement. Répétez l'enchaînement à un rythme régulier.

LA SÉCURITÉ

- **Essayez de garder vos épaules basses malgré la tendance naturelle à les hausser pour aider le mouvement.**

Développés couchés au cadre

Idéal pour travailler : les pectoraux, les triceps, les deltoïdes

Mode d'emploi

A. Choisissez vos disques de charge en fonction de votre niveau, puis placez-les de chaque côté de la plateforme (sur des petites barres latérales proéminentes prévues à cet effet). Si vous êtes débutant, commencez par une barre à vide, puis augmentez progressivement jusqu'à trouver la charge qui vous correspond.

B. Allongez-vous sur le banc horizontal, les pieds au sol de chaque côté. La barre doit être située entre le niveau du menton et de la poitrine. Saisissez la barre avec les deux mains, en pronation (pouces vers l'intérieur), à la largeur des épaules.

C. Pour adopter une position de départ idéale et effectuer ensuite le mouvement recherché, il s'agit d'abord de déverrouiller la barre (bloquée pour l'instant en position de sécurité). Pour ce faire, tournez vos poignets vers l'arrière afin de faire pivoter la barre à 90° dans le sens des aiguilles d'une montre. Les charges reposent désormais sur vos bras, qui restent légèrement fléchis en position de départ.

D. Descendez doucement la barre au niveau du sternum, sans toucher votre buste, puis remontez en contrôlant bien le mouvement. Répétez l'enchaînement à un rythme régulier.

E. Lorsque vous avez terminé une série d'enchaînements et que vous êtes revenu en position de base, refermez vos poignets vers l'intérieur en faisant pivoter la barre à 90° dans le sens inverse des aiguilles d'une montre ; deux crochets immobilisent la barre et vous permettent de faire une pause ou d'arrêter l'exercice. Ainsi, si la charge est trop lourde et que vous ne parvenez pas à terminer le mouvement, pas de panique ! C'est l'avantage de la machine guidée, vous pouvez bloquer facilement la barre en position de sécurité, soulager vos pectoraux, vos biceps et vos épaules, puis aller alléger les charges si nécessaire avant de reprendre l'enchaînement.

LA SÉCURITÉ

- Tout le long de l'exercice, la surface du dos (et particulièrement les lombaires) reste bien appuyée contre le dossier. Quand l'exercice est bien maîtrisé, il est possible de cambrer légèrement le bas du dos et de faire ressortir la poitrine pour solliciter davantage les pectoraux mais restez vigilant en soignant toujours votre position et en écoutant vos sensations. Attention à vos lombaires !
- C'est l'exercice idéal pour s'entraîner à deux. Votre partenaire peut se placer derrière vous, vous aider à maîtriser la charge, voire soutenir un peu la barre notamment sur les dernières répétitions difficiles.

Salle de sport & confiance en soi

L'un des blocages fréquemment évoqués chez les personnes qui débutent et n'osent pas s'inscrire en club, c'est le manque de confiance en soi. Le sentiment de ne pas être à la hauteur, la sensation de ne pas correspondre à quelques stéréotypes physiques imaginaires, la peur de ne pas se fondre dans le paysage. Et il est vrai que lorsque l'on entre pour la première fois dans une salle de sport, on peut avoir l'impression de pénétrer dans un monde parallèle peuplé d'adhérents réguliers et habitués, qui suivent un plan d'entraînement soigné, maîtrisent parfaitement le fonctionnement des machines de musculation, et se connaissent tous entre eux. Ce dont vous n'avez peut-être pas conscience, c'est que ce monde est extrêmement accueillant, ouvert à tous, qu'une place vous y attend, et qu'il suffit de quelques séances pour que vous vous y sentiez comme chez vous.

C'est difficile de résoudre le problème du manque de confiance en soi en tentant de rationaliser et de se raisonner. Et pourtant croyez-moi, moi qui passe une bonne partie de mes journées dans cet environnement-là, je peux vous assurer qu'au sein d'une salle de sport, **personne ne détonne jamais**.

Au sein d'une salle de sport, il y a des jeunes et des moins jeunes, des filles et des garçons, des sportifs débutants, occasionnels ou aguerris. Il y a des corps très minces, des jolies formes, des petits muscles ou des grosses veines. Bref, au sein d'une salle de sport, les horizons se mélangent et les différences s'effacent. C'est ça qui rend ces lieux si touchants et si fédérateurs... Au moment de l'effort, tout le monde se retrouve face aux mêmes souffrances musculaires, aux mêmes sensations, aux mêmes batailles contre soi-même. Il n'y a plus de distinction d'âge, de genre ni même de classe sociale. Il n'y a aucun jugement, juste une complicité silencieuse, et du partage.

Quand on s'entraîne, on n'essaie pas d'être meilleur que l'autre, on essaie simplement d'être meilleur que soi-même.

Les petites angoisses qu'il faut chasser :

- « Je n'ai **pas le physique adéquat** » : pas assez musclé, trop gros, trop maigre, pas assez ferme. Finissez-en avec les complexes inutiles ! Le sport appartient à toutes les morphologies. Lorsque je participe à des Ironman à l'étranger, je me réjouis toujours de voir la diversité des corps qui passent la ligne d'arrivée. Je vois des seniors plus très toniques me dépasser à vélo, des personnes en grave surpoids qui terminent leur course avec le sourire, quand d'autres sportifs surentraînés abandonnent... Quelle que soit votre morphologie, votre corps ne vous définit pas, ne vous enferme dans aucune case, et n'a pas d'incidence sur votre niveau. Entraînez-vous la tête haute, c'est la seule chose qui compte pour prouver à ceux qui vous entourent (mais surtout à vous-même) que vous avez votre place ici.

- « Je n'ai **pas le niveau** » : mes charges sont trop faibles, je ne maîtrise pas la chorégraphie du cours collectif, je n'arrive pas à suivre le rythme. En salle, le sport n'est pas une compétition, et tous les adhérents le savent. L'objectif est de se dépasser, quel que soit son niveau, et de pouvoir témoigner de ses propres progrès. C'est pourquoi il existe systématiquement des options pour tous les exercices proposés. Plutôt que d'effectuer « à peu près » un mouvement trop difficile (passer ainsi à côté de l'efficacité de l'enchaînement tout en risquant de se blesser), il vaut mieux se donner à fond sur un mouvement plus simple, avec une charge moins lourde ou avec moins d'impact. C'est comme ça que vous avancerez. N'oubliez pas que l'on a tous commencé un jour...

- « Je n'ose **pas entrer dans l'espace musculation** » : le fonctionnement des machines, leur emplacement, les charges, les programmes... vous n'y connaissez rien ? Suivez les conseils pratiques énoncés à la page suivante.

N'oubliez pas que vos faiblesses n'existent souvent que dans votre tête, et vous êtes le seul à en avoir conscience. Alors que vous ne voyiez qu'elles, et que ces complexes semblent se refléter dans le regard des autres, ceux qui vous entourent ne vous regardent que d'un seul œil : comme eux vous êtes là, vous n'êtes pas resté affalé sur votre canapé, vous transpirez, vous vous dépassez, vous progressez... Vous faites partie de la famille.

PETITS CONSEILS PRATIQUES POUR SE SENTIR CHEZ SOI À L'ESPACE MUSCULATION

La musculation apporte des sensations uniques, aide à progresser, à s'affiner, à se tonifier, à améliorer vos postures au quotidien... Alors pas question de passer à côté de l'expérience sous prétexte que l'espace musculation vous angoisse. Vous avez décidé de vous y mettre mais vous ne savez pas par où commencer ? Vous n'osez pas y aller ? Vous ne comprenez rien au fonctionnement des machines ? Vous avez l'impression de vous aventurer au milieu de connaisseurs qui vont vous juger ? Pas de panique, suivez ces quelques conseils, lancez-vous, et entrez dans le monde magique de la musculation. Vous ne pourrez bientôt plus vous en passer...

• Pour vos premières séances, renseignez-vous sur **les heures creuses** où l'espace musculation n'est pas très fréquenté. Sans la pression (imaginaire) du regard des autres, vous serez plus à l'aise pour vous familiariser avec les machines. S'il le faut, accordez-vous une demi-journée de congé pour vous rendre à la salle pendant ces heures-là, le jeu en vaut largement la chandelle et vous ne le regretterez pas.

• La première fois, tournez-vous vers un coach en salle pour qu'il vous montre les rudiments. Une ou deux heures de **cours particulier** vous permettront de comprendre le fonctionnement des machines, de demander des conseils sur les charges, les enchaînements, les programmes, etc. Mais surtout, il vous montrera comment bien vous placer pour plus de sécurité et d'efficacité. Dans certains clubs, des personal trainers sont postés dans l'espace musculation et sont justement là pour répondre gratuitement à toutes vos questions. Passionnés, ils seront ravis de partager avec vous leur savoir.

• Préparez votre **séance** en amont, à l'aide des fiches techniques page 132 à 167. « Révisez » votre entraînement avant de vous rendre à la salle, vous vous sentirez plus confiant et plus assuré. Pour compléter votre apprentissage et accompagner les conseils donnés par les coachs, n'hésitez pas à consulter des vidéos sur YouTube pour mieux comprendre le fonctionnement du corps, des muscles, et adapter vos entraînements en fonction de vos objectifs.

• Dans la plupart des clubs, le nom des machines est indiqué sur chacune d'entre elles, et quelques schémas utiles viennent illustrer leur mode de fonctionnement. N'hésitez pas à vous asseoir sur l'appareil et prendre quelques minutes pour **lire les instructions** avant de l'utiliser.

• Pour éviter d'errer dans la salle à la recherche des machines, faites un petit **repérage géographique** au préalable. La plupart du temps, l'espace musculation est visible depuis les tapis de course ou depuis le coin détente. Sinon, prenez un tapis et asseyez-vous dans un coin avant de commencer votre entraînement. N'hésitez pas à observer la disposition des machines pendant votre échauffement, pour anticiper vos déplacements.

• Si vous le pouvez, **allez vous entraîner avec un partenaire** ! Plus rassurant et plus ludique, l'entraînement peut même s'avérer plus efficace lorsqu'on s'encourage mutuellement ! Alternez les exercices chacun à votre tour, en profitant de la série de l'autre pour reposer vos muscles. Une autre façon de passer du temps ensemble, de partager des moments de complicité et des sensations fortes.

Les bonus Leleu

Gérer les compléments alimentaires

Se renseigner, apprendre, comprendre

Lorsqu'on s'entraîne beaucoup, la consommation de protéines en poudre n'est pas indispensable mais elle peut être utile. L'essentiel, c'est de savoir ce que l'on fait et de ne pas boire un shaker de protéines juste pour faire comme les autres. Comprendre les compléments alimentaires, c'est aussi un processus passionnant qui permet d'en apprendre plus sur le fonctionnement de nos muscles et sur notre corps, pour s'entraîner et progresser intelligemment.

Adapter les prises de compléments selon ses propres besoins

Protéines en poudre mais aussi créatine, caséine, gainers, BCAA... Autant de formules disponibles qui peuvent vous aider à améliorer vos performances, mais qu'il ne faut pas consommer à l'aveugle. Chaque dosage dépend de vos propres objectifs, de votre routine d'entraînement, de vos habitudes alimentaires, de votre morphologie, etc. Construisez toujours votre plan d'entraînement avec un coach, apprenez à mieux comprendre ce qu'il va se passer à l'intérieur de votre organisme et prévoyez vos collations en fonction.

Soigner son assiette

N'oubliez pas non plus qu'au-delà de la prise de compléments, c'est d'abord le contenu de votre assiette qu'il faut soigner : les principaux apports en termes de macro- (glucides, protéines, lipides) et de micronutriments (vitamines, minéraux, oligo-éléments, acides aminés, acides gras essentiels) doivent venir de vos repas.

MES HABITUDES

Personnellement, je ne consomme presque pas de protéines en poudre ; j'estime qu'avec ma routine d'entraînement, un régime alimentaire équilibré suffit et permet un apport d'acides aminés suffisant pour limiter le catabolisme. Ma recette de pancake du matin contient à elle seule cinq blancs d'œuf, soit un excellent ratio de protéines pour la journée ! Néanmoins, j'ai toujours de la whey en poudre dans mes placards, pour les journées chargées où je n'ai pas le temps de cuisiner le matin, ou pour servir de collation rapide de temps en temps. Et si vraiment je sens que mes muscles ont été très sollicités, je n'hésite pas à augmenter légèrement mon apport en protéines directement dans mon assiette ou j'utilise des BCAA (complément d'acides aminés) en cachets.

En termes de complément alimentaire, j'ai aussi pris l'habitude d'avaler quelques gélules d'Oméga 3 tous les matins. Il s'agit d'un acide gras essentiel au bon fonctionnement de nos cellules, et qui n'est pas synthétisé par le corps humain. Il doit donc être consommé via le contenu de son assiette, et on en trouve surtout dans certains poissons (saumon, maquereau). Or moi, le poisson, je n'aime pas ça ! Voilà pourquoi je me tourne vers les compléments alimentaires pour éviter les carences... Et il faut dire que l'huile de foie de morue, c'est plus appétissant sous forme de gélule !

POURQUOI LES SPORTIFS CONSOMMENT-ILS DES PROTÉINES ? PETIT POINT INFO

Avant d'envisager de consommer des shakers de protéines sans vraiment savoir pourquoi, il est intéressant de comprendre ce qu'il se passe à l'intérieur de votre corps quand vous vous entraînez. Voici donc une explication très simplifiée du fonctionnement de vos muscles lorsqu'ils sont sollicités.

Lors d'une activité physique, vos muscles puisent du carburant dans leur stock de glycogène (vos réserves de sucre) pour permettre la contraction. Une fois ce stock épuisé, ils vont chercher ailleurs. Ils se tournent alors vers une autre source d'énergie : les acides aminés. Ceux-ci sont notamment présents dans le stock de protéines de votre organisme ; c'est-à-dire dans vos muscles ! En conclusion, pour mieux se contracter, le muscle va paradoxalement s'auto-détériorer. Les fibres musculaires se cassent, on appelle ça le catabolisme.

Ce phénomène n'est pas souhaitable : il rend l'entraînement inutile et fait ralentir le développement du muscle. Pour le contrer, certains sportifs choisissent de consommer des protéines (souvent sous forme de « whey », formule la plus économique et populaire) avant, pendant et/ou après l'effort. Ainsi, elles sont présentes dans le sang et aident à éviter le catabolisme pendant l'entraînement ou viennent aider à la reconstruction musculaire les 24 heures suivantes.

Un shaker de protéines permet donc de rééquilibrer le taux d'acides aminés présents dans l'organisme, en consommant un en-cas faible en calories, rassasiant, tout en étant pratique et léger à transporter. En plus, il existe des protéines aromatisées très gourmandes !

Gérer ses ravitaillements

Que ce soit en entraînement ou en course officielle, maîtriser la fréquence et la qualité de ses ravitaillements est un sujet primordial pour un sportif. En effet, bien nourrir son corps et s'hydrater pendant l'effort, c'est essentiel pour assurer une performance optimale. Mais cela permet surtout de ne pas soumettre son organisme à de trop gros traumatismes. Car si votre corps est capable de grandes choses, n'oubliez pas de le ménager et d'en prendre soin, en lui apportant l'énergie nécessaire pour qu'il puisse se dépasser ! Quel que soit votre sport de prédilection, il existe quelques règles à suivre pour assurer une bonne maîtrise de ses ravitaillements.

Règle n° 1
Ne jamais tester de nouveaux produits (aliments ou boissons) lors d'une course officielle.

Les organisations des courses prévoient évidemment des zones de ravitaillement et mettent à disposition des gâteaux, des fruits secs, du sucre, des gels, des boissons énergétiques, et bien d'autres choses encore. Tous peuvent être utiles pour réénergiser votre corps, mais encore faut-il les avoir testés en entraînement. Car gare aux réactions indésirables ! Par exemple, un gel énergétique aura vite fait de bouleverser votre transit. De même, un morceau de sucre avalé pendant le parcours peut potentiellement vous donner soif et déranger le reste de votre course. Chaque profil est différent, et même si votre ami, coureur confirmé, vous conseille un produit, essayez-le avant le jour J ! Votre corps y répondra sûrement différemment.

Règle n° 2
Ne pas sous-estimer ses besoins en ravitaillement.

« Une bouteille d'eau, ce n'est pas pratique à transporter, c'est lourd et ça prend de la place », « Je pars pour une petite session de course à pied, je mangerai en rentrant ! ». Des réflexions qu'on a tous tendance à se faire, pour privilégier le côté pratique et ne pas s'embêter à transporter un ballotin de pique-nique alors qu'on part s'entraîner. Néanmoins, ces réflexions peuvent s'avérer fatales. En effet, ne partez jamais sans emporter avec vous quelques ravitaillements (il existe des gels légers qui ne prennent pas beaucoup de place, ou mieux, quelques noix de cajou qui se glissent facilement dans une poche). De même, renseignez-vous sur les points d'eau disponibles sur le parcours ou emmenez une gourde. Ne partez jamais en comptant sur votre corps pour résister à la soif et à la faim, sous prétexte que c'est plus pratique… Vous risqueriez de le regretter.

Règle n° 3
Ne pas surestimer ses besoins en ravitaillement.

À l'inverse, n'exagérez pas la teneur de vos collations. Pour être performant, il faut apporter de l'énergie à son organisme tout en restant léger ! Ainsi, pour faciliter la digestion, les prises de ravitaillements doivent être espacées d'au moins 30 minutes, sans être trop importantes. Un gel, une petite poignée de noix de cajou, quelques fruits secs, de l'eau… Votre corps s'occupera du reste.

Règle n° 4
Bien choisir ses ravitaillements.

Évidemment, on évitera les aliments gras, sucrés ou salés pendant un entraînement ou une course officielle. L'objectif, c'est de manger le moins de « calories vides » possible, c'est-à-dire de nourrir son organisme de vitamines, minéraux, lipides, glucides, protéines, etc. On choisit donc des aliments faciles à digérer, qui ne nous donneront pas soif, et qu'on prend plaisir à manger ! Ainsi, chaque ravitaillement est un moment agréable, qui reboostele corps autant que le moral.

LES NOIX DE CAJOU

Vous le savez, les noix de cajou c'est mon péché mignon !

Je les consomme à toute heure de la journée, en collation, au goûter, pendant mes entraînements ou comme petit plus dans mes recettes. Je les choisis nature, ni grillées ni salées, et je les emmène partout. Elles sont faciles à transporter ; j'en glisse dans mes poches quand je pars courir de longues distances, ou je les mets dans ma sacoche de vélo, et j'en pioche de temps en temps pendant que je roule, pour me donner un peu d'énergie.

Les noix de cajou présentent de nombreux bénéfices pour l'organisme : c'est une façon de consommer du « bon gras », d'opter pour un grignotage « sain », et de se faire plaisir grâce à leur bon goût. On peut aussi les consommer sous forme de « beurre », soit une pâte particulièrement appétissante. Attention, vous ne pourrez bientôt plus vous en passer.

Comme tous les oléagineux, si elles sont très bonnes pour la santé, les noix de cajou représentent néanmoins un concentré de calories. Alors adoptez-les, mais n'en abusez pas !

Gérer ses sacs de transitions en triathlon – la check-list

Un triathlon, c'est l'enchaînement d'une épreuve de natation, d'une épreuve de vélo et d'une épreuve de course à pied. Le temps de passer d'une discipline à une autre, quelques minutes s'écoulent : on sort de l'eau, on court vers le parc à vélos et on s'équipe avant de repartir. Après l'épreuve de cyclisme, on gare de nouveau son vélo, on change de chaussures et on rejoint la ligne de départ du run. C'est ce qu'on appelle « les transitions ».

Le temps des transitions est comptabilisé dans le temps global de la course. C'est pourquoi les triathlètes professionnels s'entraînent à passer très rapidement d'une épreuve à une autre, pour optimiser leur chrono. Pour les amateurs, ces transitions sont plus calmes : on récupère ses affaires, on se sèche, on se change, on s'hydrate, on souffle un peu, et on se concentre sur la prochaine étape.

Mais il faut préparer ses sacs de transition en amont, et prévoir ce dont on aura besoin selon les épreuves, et ce, sans rien oublier ! La veille, on les apporte à l'organisation, qui les consigne et les range par numéro de dossard à l'endroit où auront lieu les transitions le jour J. Une fois déposés, vous ne pourrez plus rien y ajouter !

Alors pour moi, la préparation des sacs de transition, c'est toujours un grand stress. « Je fais quoi si j'ai oublié de mettre des chaussettes pour ma transition vélo, après la natation ? » « Et si j'oublie mes chaussures de running pour ma transition course à pied ? » Ne le dites à personne, mais un jour, j'ai oublié de prévoir une culotte...

Voici une petite check-list utile, pour s'assurer de ne rien oublier et prendre le départ l'esprit tranquille.

Ce que j'emporte avec moi pour la natation

- Ma tenue : selon la température de l'eau et le règlement, un maillot et/ou une combinaison et/ou un tri-fonction (voir encart page 183)
- Mes lunettes
- Mon bonnet (ou même deux l'un sur l'autre, pour être sûre qu'ils tiennent bien !)
- Mon tracker (la puce qui permettra de suivre mon évolution sur le parcours et enregistrer mes temps officiels), accroché à ma cheville

Le sac de transition vélo

- Une serviette pour me sécher
- Ma culotte magique ! + une brassière
- Ma tenue : cuissard + tee-shirt ou jersey (sauf si vous êtes équipé d'un tri-fonction) + ceinture porte-dossard et dossard
- Mes chaussures de vélo
- Des chaussettes
- Mon casque + sticker numéro de dossard
- Des gants ou mitaines (optionnel)
- Des lunettes de soleil sportives (optionnel)
- Un chewing-gum (si la partie natation a eu lieu en mer, il permettra d'atténuer le goût du sel dans la bouche)

Sur mon vélo, j'emporte

- Du paracétamol en cas de mal de tête ou de douleurs
- Des pansements
- Un coupe-vent (optionnel, mais ça m'a déjà bien servi !)
- Un kit de réparation (cartouche CO_2/tête de gonflage, patchs adhésifs, grattoir, démonte-pneu, chambre à air, multitool)
- Une à deux gourdes remplies d'eau sur les porte-bidon
- Mes ravitos (des gels et barres énergétiques, que je transporte en les scotchant sur mon vélo, pour les garder à portée de main, des noix de cajou, un sandwich)
- Mes petits clins d'œil qui font du bien (des petits mots de mes amis, des chouchous Ironman accrochés sur le guidon, des petits grigris légers qui ne prennent pas de place, etc.)

Pour emporter tout votre attirail avec vous sur le vélo, vous pouvez au choix : scotcher certains d'entre eux sur le tube devant vous, en placer d'autres dans une sacoche accrochée à votre vélo ou les ranger dans vos poches de jersey.

Le sac de transition course à pied

- Une deuxième culotte magique + une brassière si vous souhaitez en changer
- Une paire de chaussettes techniques spéciales running
- Ma tenue de running (sauf si vous êtes équipé d'un tri-fonction) + ceinture porte-dossard et dossard
- Mes chaussures de course à pied
- Des pansements
- Un gel pour la transition, et un ou deux autres à emporter dans une poche fermée ou une ceinture de running
- Une petite serviette pour éponger la transpiration (optionnel)
- De la crème anti-frottement pour l'intérieur des cuisses ou pour les pieds (optionnel)

L'Ironman, des règles strictes

Avant chaque triathlon, lisez bien le règlement de la course ! Chaque organisation a des règles propres et certaines risquent de vous étonner. Pour l'Ironman par exemple, il est strictement interdit d'utiliser son téléphone, une caméra, ou autres appareils électroniques. Rayez donc de votre check-list votre lecteur MP3 et vos écouteurs, vous ne pourrez pas écouter de la musique pendant l'effort, sous peine de disqualification ! Il est également proscrit de concourir torse nu ou dans certaines brassières. Enfin, vous ne pourrez pas non plus vous faire aider en cas de crevaison, et les autres athlètes ont interdiction de vous dépanner en eau, en ravitaillement, en pansement, etc. D'où l'importance de partir bien préparé et de ne rien oublier dans ses sacs de transition !

L'ANECDOTE MARINE

Lors de mon tout premier Ironman 140.6, j'ai perdu ma puce de traçage en plein milieu du parcours de vélo. La poisse ! Impossible pour l'organisation de suivre ma progression, disqualification probable, inquiétude de mes proches qui suivaient mon avancée sur internet et se demandaient où j'étais passée... Bref, une véritable galère. Par hasard, un des juges en a été informé, et a fait le nécessaire pour résoudre le problème. En récupérant mon sac de transition course à pied, une surprise m'attendait : dans une de mes chaussures de running, il avait glissé une nouvelle puce configurée pour moi, et un petit mot d'encouragement. À ce moment, fatiguée musculairement et contrariée par mes mésaventures, je n'aurais pas pu imaginer meilleur cadeau... Et j'ai pu entamer le marathon, la dernière étape qui m'attendait, souriante, confiante et revigorée !

Le Tri-fonction

Il existe des combinaisons spéciales triathlon qui permettent d'enchaîner les trois disciplines sans avoir à changer de tenue. Les matières techniques sont étudiées pour assurer une rapidité de séchage après la natation, un petit rembourrage permet un confort d'assise adapté à la selle du vélo, et le design est très pratique. On en trouve avec des poches spéciales gel, des patchs de compression localisés sur les quadriceps et les ischios, et même parfois équipés d'un tissu de protection anti-UV... Et il en existe pour tous les budgets (de 50 € à 300 €).

Les tri-fonctions permettent de perdre moins de temps pendant les transitions, et de ne pas s'embêter à changer de tenue à chaque fois. Ils sont ergonomiques, pratiques, techniques, et étudiés pour faciliter la vie du triathlète. Un professionnel optera donc systématiquement pour cette solution.

Pourtant jusqu'à présent, je n'en ai jamais porté. Pendant les transitions, j'aime prendre mon temps pour me sécher, me changer, et mettre une tenue que j'ai l'habitude de porter en entraînement, différente pour chaque discipline. Je ne recherche pas la performance ni le gain de temps, et je me sens plus à l'aise dans des vêtements classiques, même un peu moins techniques et adaptés. Mais le côté pratique d'un tri-fonction est incontestable, alors n'hésitez pas à vous rendre en magasin spécialisé pour essayer plusieurs modèles et décider si cette solution vous convient ou non.

Gérer les imprévus – mes anecdotes

Des mésaventures de course, il m'en est arrivé de nombreuses. Et aucune n'est réellement restée ancrée comme un mauvais souvenir... Elles sont devenues des anecdotes que je m'amuse à raconter, des défis que j'ai su surmonter, des fiertés parfois, ou simplement des aléas qu'il a fallu accepter.

En voici quelques exemples. Il vous en arrivera sûrement d'autres, mais n'oubliez pas d'où vous venez, ce dont vous êtes capable et ne vous laissez pas déstabiliser.

La piqûre de méduse

Celle-là, je m'en serais bien passée ! C'était lors de l'Ironman 140.6 de Floride, mon deuxième sur cette distance. Un départ plein d'émotion et de stress, je plonge dans la mer et j'entre dans un état second : concentration, réflexion et détermination. Ça y est, je suis partie, bien décidée à ce que rien ne m'arrête ! Quand après moins de dix minutes de battements de jambes, je sens une douleur lancinante au pied. Ça pique, ça brûle, c'est insupportable. Une méduse m'a prise pour cible. Sûrement la dernière chose à laquelle je me serais attendue... Je m'arrête un peu et les bénévoles de l'organisation comprennent ce qui se passe... Ils approchent leur canoë pour m'aider à sortir de l'eau mais je refuse catégoriquement. Il m'en faudra plus pour abandonner !

Cet Ironman, je l'ai préparé pendant 9 mois, j'ai économisé, j'ai investi, j'ai tout organisé, je suis entourée de proches qui me soutiennent, d'abonnés qui croient en moi et de mes amis qui ont pris le départ à mes côtés. Comment accepter qu'une petite méduse vienne gâcher tout ça ? Alors j'ai continué ma course. Et pendant les 13 heures suivantes, j'ai nagé, pédalé et couru avec le pied gonflé et cette brûlure toujours présente. Mais à l'arrivée, cette méduse ne m'a finalement rien gâché. Au contraire, aujourd'hui j'en ris, je me remémore avec amusement cette expérience insolite qui m'a appris qu'il en faudrait plus pour m'arrêter !

Le froid glaçant

L'Ironman 140.6 de Nice est réputé pour être très difficile, en particulier parce qu'il a lieu

en juillet et qu'il y fait très chaud. Pourtant cette course restera le souvenir le plus froid de toute ma vie. Exceptionnellement cette année-là, elle avait eu lieu en avance, le 5 juin, et la météo n'était pas très clémente. La veille du départ, il avait plu, et on ne savait pas très bien à quoi s'attendre pour le jour J.

Si l'épreuve de natation s'est bien passée pour moi cette fois-ci (pas de méduse en vue), la partie vélo s'est avérée être un vrai cauchemar. À Nice, le parcours est difficile et très escarpé, et ce ne fut donc pas une partie de plaisir... Mais les vrais ennuis commencèrent lorsqu'il se mit à pleuvoir. Risque de chute et visibilité limitée devinrent vite source d'angoisse pour les athlètes, mais moi c'est le vent qui finit par avoir raison de moi.

Grelottante et complètement paralysée, je n'étais plus capable de faire un seul mouvement. J'étais frustrée, en colère contre la météo, j'avais mal, j'avais peur et je pleurais. Un juge m'a aperçue et m'a prise en pitié, il m'a gentiment proposé de monter quelques minutes sur son siège de moto chauffant pour me remettre un peu. Sur un Ironman, cette pause clandestine aurait pu me coûter la disqualification. Pourtant, ces quelques minutes ont finalement sauvé ma course ! J'ai soufflé, j'ai repris mes esprits, j'ai retrouvé ma détermination, et je suis repartie.

Le corps qui lâche

Sur l'Ironman 140.6 de Floride, la méduse n'était qu'un avant-goût des difficultés qui m'attendaient sur le parcours. Alors que quelques semaines plus tôt, j'avais terminé la même distance sur l'Ironman 140.6 de Vichy, sans trop de difficulté, ce jour-là à Panama City Beach, le marathon fut une terrible épreuve. Mes jambes n'avançaient plus, je sentais mon corps lâcher prise, et il n'y avait plus que mon mental, qui menaçait d'abdiquer d'un moment à l'autre.

Au bout d'une vingtaine de kilomètres, il m'est devenu impossible de me ravitailler : tout ce que je mangeais, je le vomissais instantanément. Mais ce qui m'inquiétait, c'était moins la carence énergétique que la déshydratation. Car l'eau aussi, je la vomissais.

Alors, en dernier recours, à chaque zone de ravitaillement j'avalais des cachets de sels minéraux, pour essayer de redonner un peu de stock à mon organisme, pour compenser tous ceux que je perdais en transpirant.

Et j'ai continué, je marchais, je courais, je marchais, je courais. Je n'étais plus très consciente. Mon corps était guidé par mon mental et par ma détermination, mais il manquait d'énergie. Malgré tout, je m'écoutais, et je sentais qu'il pouvait tenir encore. Alors je continuais. La ligne d'arrivée, je l'ai passée, mais je ne m'en souviens plus... Je n'ai repris mes esprits qu'un peu plus tard, la médaille autour du cou.

Une épreuve annulée

À Aix-en-Provence, sur l'Ironman 70.3 que j'ai couru plusieurs fois, la partie natation a lieu au lac de Peyrolles. En 2016, il y faisait très froid et nous redoutions tous le moment où il faudrait entrer dans l'eau. La veille, j'ai donc enfilé ma combinaison pour tester la température du lac, bien décidée à anticiper ce qui m'attendrait le lendemain... L'eau était si gelée, qu'en plongeant ma tête dedans, mon cerveau s'est douloureusement figé. J'ai fait quelques mouvements, et en sortant, complètement sonnée et un peu perplexe, j'ai dit à mes amis : « Je ne sais pas comment on va pouvoir nager 2 km là-dedans, je ne suis pas sûre d'en être capable ».

Le lendemain matin, ça n'a pas manqué : par mesure de sécurité, l'organisation a annulé l'épreuve de natation. Le triathlon s'est donc transformé en duathlon. Dans ces moments-là, c'est un peu décevant et difficile à accepter : on s'est entraîné, on voulait ajouter un Ironman 70.3 à notre liste de médailles, on visait la satisfaction de la ligne d'arrivée… Et finalement, le défi n'est plus le même, l'exploit est moindre, la fierté est divisée. Mais c'est aussi ça le sport, des imprévus, des éléments qu'on ne peut pas contrôler. Alors on profite du reste, on se donne deux fois plus sur l'épreuve de vélo et sur celle de course à pied. Et on garde des souvenirs uniques de cette ligne d'arrivée, différente de celles qu'on a connues auparavant.

La blessure

Avant mon accident de vélo, je ne m'étais presque jamais blessée. J'ai toujours appris à écouter mon corps, à éviter le surmenage tout en multipliant les entraînements, et à faire attention à moi. La seule fois où j'ai exagéré, c'était quelques jours avant le marathon de Paris, en 2017.

La semaine précédant la course, j'avais un programme un peu ambitieux : je devais m'entraîner, gérer la préparation de mon stand de chaussettes au salon du running, organiser un run collectif, participer à des conférences prévues pour l'événement, tenir le stand pendant 3 jours, rencontrer mes abonnés, répondre présente au salon voisin de Vidéocity, etc. Une semaine chargée, pendant laquelle j'ai peu dormi, je ne me suis pas beaucoup assise, j'ai piétiné, j'ai travaillé, tout en me préparant mentalement pour la course à venir. Bref, une semaine éprouvante pour mon corps, qui s'est un peu vengé.

La veille de la course, j'avais du mal à marcher et le verdict est tombé : j'avais écopé d'une périostite. Cette inflammation au niveau du tibia m'a causé bien du souci pendant plusieurs semaines. J'ai quand même couru le marathon de Paris, bien décidée à m'arrêter si la douleur s'intensifiait et j'ai maintenu ma participation à l'Ironman 70.3 de Majorque le mois d'après, toujours pas très sereine. Finalement, plus de peur que de mal, j'ai pu terminer les deux courses sans trop souffrir. Mais tirer un peu trop sur la corde sans écouter les signaux envoyés par son corps, on ne m'y reprendra plus !

Une course officielle, on s'y entraîne, on la prépare, on lit des témoignages, des conseils, on fonde beaucoup d'espoir sur la ligne d'arrivée qui nous attend… Et souvent, rien ne se passe exactement comme on l'imagine. Il y a parfois des imprévus, des mises à l'épreuve, des difficultés qui viennent corser l'épreuve… Mais avec un peu de chance, pas mal d'entraînement physique et beaucoup de préparation mentale, on peut déplacer des montagnes !

Gérer les courbatures

La récupération active

L'erreur à ne pas commettre est de forcer sur ses muscles les jours suivant votre entraînement, au risque d'aggraver l'ampleur des microlésions et de causer des blessures plus sérieuses. En revanche, vous pouvez tout à fait faire une séance douce dès le lendemain, tant que votre effort reste léger et à faible intensité. J'appelle ça « faire tourner les jambes ». Run léger, elliptique ou vélo en salle sans résistance, sont des méthodes souvent utilisées pour favoriser la réparation musculaire, « décrasser » votre organisme des toxines et vous débarrasser plus rapidement des courbatures. En cas de douleurs musculaires suspectes, ne forcez pas et contentez-vous d'une petite promenade en marche rapide.

C'EST QUOI LES COURBATURES ? PETIT POINT INFO

La première chose à savoir sur les courbatures, c'est qu'il s'agit d'un phénomène utile : une façon de vous protéger contre le surentraînement et de vous faire comprendre que vos muscles ont besoin de souffler ! Pour moi, c'est aussi le rappel que mon corps a bien travaillé, et une certaine source de satisfaction (même si parfois, je m'en passerais volontiers !).

L'explication scientifique des courbatures reste encore un peu floue. Elles proviennent très certainement des microtraumatismes que subissent les muscles lors de l'effort, des petites déchirures des fibres musculaires, de légers hématomes causés par la rupture de capillaires sanguins, et d'une réaction inflammatoire au calcium dégagé lors de la contraction musculaire. Quoi qu'il en soit, quelques heures après l'entraînement, la douleur se fait sentir : c'est ce qu'on appelle les courbatures.

Face aux courbatures, nous ne sommes pas tous égaux, et ce n'est pas parce que vous n'aurez pas de douleurs musculaires 24 heures après un entraînement que vous n'aurez pas bien travaillé ! Au contraire, de trop fortes douleurs peuvent être le signe d'un entraînement mal exécuté. Comme souvent, vous apprendrez très vite à écouter votre corps et à tirer vous-même des conclusions.

Des petits étirements

C'est la solution la plus connue pour éviter les courbatures ! N'hésitez pas à vous étirer délicatement après un entraînement intense, sans trop tirer pour éviter de causer d'autres microlésions. J'ai toujours pensé que 5 minutes de stretching doux suffisaient, et je ne préconise jamais de longs étirements en fin de séance. En effet, j'ai plutôt tendance à conseiller à mes clients de faire de la récupération active pour détendre leurs muscles. En revanche, un cours de stretching hebdomadaire de 45 minutes est bien sûr très efficace et vous permettra d'augmenter votre souplesse et de vous sentir mieux dans votre corps.

Le rouleau de massage

À première vue, cet accessoire cylindrique en mousse (lisse ou nivelé) peut sembler inoffensif. Pourtant, il peut s'avérer être un véritable instrument de torture. Mais son efficacité est incontestable et je l'utilise de façon régulière pour détendre mes muscles. Placez le rouleau au sol, sous vos cuisses, vos fessiers, votre dos, vos ischios, etc. (selon la zone que vous souhaitez détendre). Faites tourner doucement le rouleau sur quelques centimètres en déplaçant votre corps vers l'avant ou vers l'arrière, puis revenez en position initiale en le tournant dans l'autre sens. Répétez le mouvement plusieurs fois, en appuyant bien avec votre poids du corps sur la mousse. Une sensation de massage profond apparaît, même si la pression sur votre peau et sur vos muscles rend l'exercice un peu douloureux. Ce mouvement favorise le drainage et permet d'éliminer les toxines.

Le bain froid (l'ancêtre de la cryothérapie)

Le froid permet aux fibres musculaires d'être « anesthésiées » face à la libération de calcium à l'origine de la réaction inflammatoire des courbatures, et donc d'atténuer la douleur ! Vous pouvez essayer la cryothérapie, très efficace et de plus en plus populaire. Plus économique, faites-vous couler un bain entre 10 et 13°, retenez votre souffle et essayez de tenir un petit quart d'heure dans la baignoire. Une méthode un peu désagréable mais incontournable, et utilisée par de nombreux sportifs professionnels !

Buvez de l'eau !

Bien vous hydrater avant, pendant et après l'entraînement, vous aidera à limiter les effets des courbatures. Après l'entraînement, le taux d'acide dans le sang est trop élevé, ce qui crée des douleurs. Pour y remédier, l'idée est donc de rééquilibrer l'équilibre acido/basique de votre corps, d'« alcaliniser » et de « re-basifier » votre organisme, notamment en buvant de l'eau.

Prenez soin de vous, écoutez votre corps, alternez les zones d'entraînement d'un jour à l'autre et ne craignez pas les courbatures... Finalement, elles sont la preuve que vous avez bien travaillé, elles représentent votre détermination et votre force.

Gérer ses petits rituels

Quelle que soient votre discipline ou vos distances phares, il est normal d'être stressé avant une course officielle... Et ce, même si vous ne recherchez pas la performance à tout prix ! Au-delà de l'appréhension face à l'effort qui vous attend, il y a aussi l'angoisse de ne pas être à la hauteur de vos propres objectifs, la peur de la souffrance, la crainte de la blessure, etc. Une course officielle, c'est souvent l'aboutissement d'un long travail, l'heure de vérité attendue autant que redoutée, et le rendez-vous avec ses propres limites.

Pour vous aider à surmonter ces moments et vous mettre dans les meilleures conditions psychologiques possible, rien de tel que de mettre en place des petits rituels ! Beaucoup de sportifs professionnels ont leurs habitudes fétiches et leurs superstitions avant des matchs ou des compétitions importantes. Et tant pis si ça n'a rien de rationnel, l'essentiel est de se raccrocher à une sorte de cérémonial, de se faire un petit clin d'œil à soi-même, de se rassurer et de consolider son mental de champion !

Le vernis à ongles

Souvent lors d'une course officielle, l'ambiance est excellente, les supporters applaudissent et lancent des cris d'encouragement à tue-tête, les coureurs partagent les mêmes souffrances et les mêmes objectifs et il existe une réelle énergie collective. Pourtant la course à pied, la natation ou le vélo restent avant tout des sports individuels. Une fois que le départ est donné, c'est entre vous et vous... Alors autant se sentir bien dans ses baskets !

Pour ça, il y a notamment la coquetterie sportive : celle qui allie aspects pratique, technique et esthétique ! Une jolie tresse pour garantir cheveux tirés et coiffure de princesse, un assortiment de couleurs dans sa tenue de sport (déjà testée au préalable en entraînement), des accessoirisations amusantes

(j'ai adoré courir le marathon de Paris avec mes oreilles de chat en serre-tête !), etc.

Mon truc à moi, c'est le vernis à ongles ! Au-delà de la simple coquetterie, j'ai fait de ce rituel un véritable symbole. À chaque veille de course, je prends rendez-vous pour une manucure et je choisis LA couleur. Celle qui semble la plus adaptée à l'événement présent, celle qui a une résonance propre, celle qui fait circuler mon énergie jusqu'au bout des ongles ! Pour l'Ironman de Nice, j'avais choisi bleu azur, pour le marathon de Bordeaux, c'était bordeaux ! Pour les 25 km en eau libre, une course forte qui me tenait à cœur, je voulais du rouge : couleur de la vie, du sang qui circule dans nos veines, et puis du cœur justement. Pour Panama City, j'ai simplement fait dessiner le logo de l'Ironman sur mon pouce. À chaque fois, c'est une façon de m'approprier l'événement et de porter haut et fort les couleurs de la course.

Alors non, des mains manucurées, ce n'est pas une priorité quand il s'agit de courir, de nager ou de pédaler. Et pourtant, il existe une certaine forme d'énergie qui ne vient pas des muscles, d'un battement de bras ou d'une foulée bondissante. Celle-là vient du cœur, elle peut vous emmener très loin et vous permettre de surmonter l'angoisse d'avant la course. Celle-là, je la puise notamment dans mon rituel vernis à ongles.

La culotte magique

Il y en a qui ont une tenue porte-bonheur pour des entretiens d'embauche ou pour des premiers rendez-vous galants, pour moi c'est la culotte magique pour les courses officielles ! Je la porte à chaque fois, par superstition, mais aussi parce que je sais qu'elle est pratique, sans couture, légère et adaptée à la course à pied ou au triathlon.

Partout je l'emporte avec moi, en Floride, à Chicago, à Majorque, à Vichy, à Aix-en-Provence, etc. Mon ambition ? Lui faire courir le monde !

Du temps pour moi la veille des courses

On a souvent l'impression, à tort, que les marathons et les Ironman sont pour moi des courses comme les autres, que j'envisage sereinement et que je termine sans peine. En vérité, la veille de ces courses je suis toujours aussi tourmentée. Le défi me stimule, je suis contente d'y participer, mais avant de prendre le départ, je ne suis absolument pas rassurée. 42 km à pied, ça reste une performance très ambitieuse pour le mental, pour les muscles et pour les articulations. Un Ironman, c'est une prise de risque, une mise en danger, un dépassement de soi, une épreuve extrême.

Alors la veille de ces courses, je suis souvent rattrapée par mes émotions, et j'ai besoin d'être seule, de gérer ces sensations au calme, de ne pas avoir à répondre à qui que ce soit, de me concentrer, et de me retrouver face à moi-même. C'est un autre de mes rituels... Je me promène, j'éteins mon téléphone, je pense à ma course, je me souviens d'où je viens, je me répète ce que je suis capable d'accomplir. Je ne me débarrasse pas de ce stress, je m'en nourris, je le dompte, il m'aide à avancer et il me rappelle qu'il faut y croire.

LES EXERCICES DE MARINE

Travailler le bas du corps

La chaise

NIVEAU LELEU : 1, 2 ou 3 selon la durée de l'exercice

1. Placez-vous debout, dos à un mur.

2. Descendez doucement contre le mur, comme si vous veniez vous asseoir sur une chaise invisible. Pour ne pas tomber, vous êtes obligé d'exercer une forte pression avec votre dos et vos abdominaux sur le support arrière.

3. Plus vous descendrez, plus vous serez forcé d'avancer vos pieds, jusqu'à ce que vos genoux soient fléchis en angle droit et bien alignés avec vos talons.

4. Vous êtes désormais en position assise, sur une demi-chaise imaginaire qui ne dispose que d'un dossier. Le poids de votre corps repose principalement sur vos épaules.

5. Challengez-vous et restez ainsi le plus longtemps possible.

6. Relevez-vous doucement en vous aidant de vos mains, que vous pouvez poser contre le mur pour soulager vos cuisses.

Le squat simple

NIVEAU LELEU : 1

1. Placez-vous debout, les pieds un peu plus écartés que la largeur de vos hanches, pointes légèrement tournées vers l'extérieur, le dos droit et le regard loin devant vous **(A)**.

2. Fléchissez les jambes comme si vous cherchiez à vous asseoir sur une chaise invisible. Pour vous assurer que votre position est correcte, il est important de vérifier que vos pieds sont bien placés sous vos genoux (ni trop en avant, ni trop en arrière, pour ne pas abîmer les articulations) **(B)**.

3. Pour plus de sensations, essayez de descendre le plus bas possible, toujours en maintenant le dos droit et les abdominaux gainés.

4. Remontez doucement vers le haut, sans tendre tout à fait les jambes, mais en gardant les genoux légèrement fléchis pour ne pas abîmer les articulations.

Le squat pivoté

NIVEAU LELEU : 2

1. Placez-vous debout, de profil, puis descendez en squat simple en suivant bien les conseils donnés page 198 (A).

2. En vous relevant, profitez cette fois d'une légère impulsion pour lever la jambe droite et pour effectuer un demi-tour dans le sens des aiguilles d'une montre. La jambe gauche reste au sol, de sorte que l'enchaînement ne suppose aucun impact (B). Les épaules et les hanches restent droites et ne mènent en aucun cas le mouvement, qui vient principalement des abdominaux. Restez léger sur votre jambe d'appui pour éviter une trop grosse tension sur le genou gauche pendant la rotation. Reposez doucement le pied droit au sol et redescendez tout de suite en squat simple (C).

3. Relevez-vous lentement, et profitez d'une légère impulsion pour lever de nouveau la jambe droite. Renouvelez le demi-tour, cette fois dans le sens contraire des aiguilles d'une montre… Vous gardez donc toujours la même jambe d'appui au sol. Atterrissez doucement en squat simple.

4. Redressez-vous doucement.

5. Pour aller plus loin, supprimez l'étape 4 et répétez tout de suite l'enchaînement.

Le surfeur

NIVEAU LELEU : 3

1. Placez-vous debout, de profil, puis descendez en squat simple en suivant bien les conseils donnés page 198 (A).

2. Prenez une bonne impulsion, puis aidez-vous des bras pour décoller les deux pieds du sol et effectuer un demi-tour en vol. Les épaules et les hanches aident au mouvement mais n'en sont pas à l'origine, il vient des abdominaux (gainés) et de la force de vos jambes.

3. Atterrissez délicatement en squat, dos à votre position d'origine (B). Les bras vous aident à vous stabiliser et à trouver l'équilibre.

4. Redressez-vous.

5. Renouvelez l'enchaînement pour revenir en squat simple de l'autre côté (C).

6. Pour aller plus loin, supprimez l'étape 4 de sorte d'enchaîner les impulsions et demi-tours le plus rapidement possible, tout en veillant bien sûr à toujours garder une bonne posture.

Le squat latéral

NIVEAU LELEU : 1

1. Placez-vous debout, pieds joints ou un peu écartés, pointes de pied légèrement tournées vers l'extérieur, le dos droit et le regard loin devant vous (A).

2. En gardant une jambe d'appui au sol légèrement fléchie, levez la jambe droite en effectuant un grand pas sur le côté (B). Puis posez-la plus loin au sol et descendez immédiatement en squat simple, en suivant bien les instructions données page 198 (C).

3. Pour plus de sensations, essayez de descendre le plus bas possible, en approchant vos fesses au plus près du sol, en maintenant toujours le dos droit et les abdominaux gainés.

4. Remontez doucement vers le haut, en profitant d'une légère impulsion pour relever votre jambe droite et la ramener vers le pied gauche. Vous retrouvez ainsi votre position initiale.

5. Faites la même chose en ouvrant la jambe de l'autre côté, et en inversant ainsi la jambe d'appui.

Le slide

NIVEAU LELEU : 2

1. Placez-vous debout, genoux fléchis, en équilibre sur votre jambe droit, poids du corps principalement sur le talon. Le regard est droit, les abdominaux sont gainés, et vous devez déjà sentir un début d'effort dans votre cuisse droite. Le pied gauche ne touche le sol qu'avec la pointe des orteils, prêt à enchaîner le mouvement (A).

2. Ouvrez la jambe gauche et posez la pointe du pied loin sur le côté, tout en gardant votre jambe droite dans sa position d'origine, toujours fléchie. Les épaules restent fixes, le poids du corps reste centré et repose encore sur votre talon droit (B). Les bras peuvent accompagner le mouvement pour aider à l'équilibre.

3. Pour aller plus loin, gardez le pied gauche décollé légèrement du sol, pour ne pas vous aider de cet appui.

4. Ramenez la jambe gauche vers la jambe d'appui, en position d'origine, toujours sans relâcher la jambe droite.

5. Répétez l'enchaînement de l'autre côté (C). La jambe droite reste dynamique malgré l'effort précédent, mais le muscle profite du nouveau mouvement pour se détendre. C'est maintenant au tour du talon droit de soutenir le poids du corps.

Le jumping jack

NIVEAU LELEU : 3

1. Placez-vous debout, pieds joints ou un peu écartés, pointes de pied légèrement tournées vers l'extérieur, le dos droit et le regard loin devant vous (A).

2. Prenez une impulsion au sol et sautez en ouvrant les jambes et en montant les bras sur les côtés pour plus d'explosivité (B). Vous atterrissez en position de squat simple, les genoux bien fléchis, les pieds larges et ouverts sur l'extérieur, et les bras vers le ciel (C).

3. Prenez de nouveau une impulsion, sautez en refermant les jambes et en redescendant les bras. Atterrissez délicatement en fléchissant légèrement les genoux pour amortir l'impact.

4. Redressez-vous.

5. Pour aller plus loin, supprimez l'étape 4, profitez de l'atterrissage pour reprendre une impulsion au sol et répétez tout de suite l'enchaînement.

Le squat planche

NIVEAU LELEU : 1

1. Placez-vous debout, les pieds légèrement plus écartés que la largeur de vos hanches, le dos droit et le regard loin devant vous (A).

2. Pour adopter une posture de départ correcte, placez-vous en position de squat simple en suivant les indications données page 198 (B). Penchez-vous vers l'avant en fléchissant les jambes, de façon à pouvoir poser les deux mains au sol devant vous, un peu plus écartées que votre largeur d'épaules. Le dos reste droit et les abdominaux gainés (C).

3. Tendez une jambe vers l'arrière et posez vos pieds au sol, orteils fléchis. Votre poids repose principalement sur votre talon avant. Vos hanches sont droites et parallèles au sol (D).

4. Ramenez votre jambe arrière pour retrouver la position de base, puis répétez le mouvement de l'autre côté.

Tendez une jambe vers l'arrière.
Votre poids repose principalement sur votre talon avant.

Le burpee

NIVEAU LELEU : 2

1. Pour adopter une posture de départ correcte, placez-vous en position de squat simple en suivant bien les indications données page 198 (A). Penchez-vous vers l'avant en fléchissant les jambes, afin de pouvoir poser les deux mains au sol devant vous, un peu plus écartées que votre largeur d'épaules. Le dos reste droit et les abdominaux gainés (B).

2. Depuis cette posture de départ, sautez en décollant simultanément les deux pieds du sol afin d'atteindre une position de planche, en suivant bien les indications données page 219. Le dos reste droit, non cambré, les abdominaux serrés, la tête dans le prolongement des épaules et le regard au sol devant vous (C).

3. Descendez en pompe en fléchissant les coudes sur les côtés, la poitrine entre les mains. Challengez-vous en essayant d'approcher au maximum votre buste du sol (D).

4. Remontez en planche puis sautez en ramenant vos pieds entre vos mains, en position de départ.

5. Prenez une impulsion au sol, pour vous redresser à l'aide d'un saut. Les bras accompagnent le mouvement et montent au plafond pour vous aider à décoller le plus haut possible. Les abdominaux restent serrés pour aller chercher un maximum d'explosivité (E).

6. Atterrissez délicatement en fléchissant les jambes pour amortir l'impact et en ramenant vos bras le long du corps.

7. Redressez-vous.

A

B

C

D

Le burpee tuck jump

NIVEAU LELEU : 3

Suivez les étapes 1,2, 3 & 4 de l'exercice « burpees » (p. 206). L'objectif est de faire monter un peu plus le rythme cardiaque et d'ajouter une difficulté à l'enchaînement de base bien connu.

8. Vous êtes donc revenu ici en position de squat simple. Pour vous redresser, l'idée est de sauter le plus haut possible en ramenant vos genoux vers la poitrine lors de votre ascension. Prenez une grande impulsion au sol et lancez vos bras à l'horizontale pour vous aider à décoller. Le buste reste fixe sans se voûter et le mouvement vient des genoux.

9. Atterrissez délicatement en fléchissant les jambes pour amortir l'impact et en ramenant vos bras le long du corps.

10. Redressez-vous.

Le squat jump

NIVEAU LELEU : 2

1. Placez-vous debout, les pieds légèrement plus écartés que la largeur de vos hanches, le dos droit et le regard loin devant vous (A).

2. Descendez en squat simple, en suivant les instructions données page 198. Puis penchez-vous légèrement en avant et amenez doucement vos bras en arrière pour prendre votre élan. Le ventre est rentré, les abdominaux sont serrés et le dos est droit (B).

3. Prenez une bonne impulsion au sol et sautez le plus haut possible, en levant les bras vers l'avant et jusqu'au ciel pour accompagner le mouvement (C).

4. Atterrissez délicatement en squat, bien fléchi sur les genoux pour amortir l'impact.

5. Redressez-vous en position de base.

6. Pour aller plus loin, supprimez l'étape 5 et enchaînez les impulsions le plus rapidement possible, tout en veillant bien sûr à toujours garder une bonne posture.

Le saut grenouille

NIVEAU LELEU : 3

1. Placez-vous debout, les pieds légèrement plus écartés que la largeur de vos hanches, le dos droit et le regard loin devant vous (A).

2. Descendez en squat simple, en suivant les instructions données page 198. Puis penchez-vous légèrement en avant, et amenez doucement vos bras en arrière pour prendre votre élan. Le ventre est rentré, les abdominaux sont serrés et le dos est droit (B).

3. Pour vous redresser, l'idée est de sauter le plus haut possible en ramenant vos genoux vers la poitrine lors de votre ascension. Prenez une grande impulsion au sol et lancez vos bras à l'horizontale pour vous aider à décoller. Le buste reste fixe sans se voûter et le mouvement vient des genoux (C).

4. Atterrissez délicatement en fléchissant les genoux pour amortir l'impact, en ramenant vos bras le long du corps.

5. Redressez-vous.

A

B

La fente

NIVEAU LELEU : 1

1. Placez-vous debout, jambe droite devant et jambe gauche derrière, pieds écartés à la largeur des hanches. Le dos est droit, les abdominaux sont serrés et le poids du corps doit être centré. À l'avant, l'appui se fait sur le talon droit, et à l'arrière sur la pointe du pied gauche (A).

2. Descendez en fente en fléchissant les genoux, poids du corps sur le talon droit. Pour vous assurer que votre position est correcte, il est important de vérifier que votre pied droit est placé sous votre genou (ni trop en avant, ni trop en arrière, pour ne pas abîmer l'articulation) (B). Challengez-vous en essayant de rapprocher au maximum votre genou arrière du sol.

3. Redressez-vous (de retour à la position de base) puis ramenez votre jambe gauche au niveau de votre jambe avant, pieds écartés à la largeur des hanches.

4. Répétez l'exercice de l'autre côté, jambe gauche devant.

La fente sautée

NIVEAU LELEU : 3

Suivez les étapes 1 à 3 de l'exercice de la fente en suivant bien les indications données page 211. L'objectif ici est d'augmenter encore la difficulté au niveau du travail musculaire des cuisses.

1. Vos genoux sont donc fléchis en position de fente, jambe droite devant (A). Prenez une impulsion et faites trois petits sauts sur place en conservant votre posture (B). À chaque retour au sol, assurez-vous de retrouver une position de fente correcte.

2. Sautez ensuite en fente pliométrique pour changer de jambe ; lancez-vous le plus haut possible pour vous permettre d'inverser votre jambe avant et votre jambe arrière lorsque vous êtes en l'air (C).

3. Atterrissez au sol en position de fente, jambe gauche devant. Les abdominaux sont serrés et le dos toujours droit (D). Répétez le triple saut sur place de l'autre côté.

Atterrissez
au sol en position
de fente

La fente pliométrique

NIVEAU LELEU : 2

Suivez les étapes 1 à 3 de l'exercice de la fente en suivant bien les indications données page 211.

1. Vos genoux sont donc fléchis en position de fente, jambe droite devant (A). Prenez une petite impulsion au sol et sautez le plus haut possible pour vous permettre d'inverser votre jambe avant et votre jambe arrière lorsque vous êtes en l'air (B).

2. Atterrissez au sol en position de fente, jambe gauche devant. Les abdominaux sont serrés et le dos toujours droit (C).

3. Répétez l'exercice.

En marche !

NIVEAU LELEU : 1

La marche est un très bon exemple d'exercice physique efficace, que l'on considère aujourd'hui comme banalisé. Pourtant, elle est très recommandée pour les débutants, les rééducations, les personnes qui n'aiment pas le sport, ou les populations plus âgées. Pour pratiquer, pas d'excuse : qu'il pleuve ou qu'il vente, qu'on soit ou non inscrit en salle de sport, qu'on habite à la ville ou à la campagne… On peut tout à fait marcher sur place, chez soi ! Quelques conseils de base : tenez-vous droit, les épaules fières, gainez les abdominaux, aidez-vous de vos bras pour faire monter légèrement la fréquence cardiaque, et donnez de l'amplitude à vos mouvements. Bonne route ! **(A & B)**

Course sur place

NIVEAU LELEU : 2

Courir, c'est bon pour la santé. Alors là encore, pas d'excuse ! Si vous ne voulez pas affronter la pluie, le froid, la pollution ou les trottoirs étroits, vous pouvez tout à fait vous entraîner chez vous, en trottinant sur place. Les conseils sont les mêmes que pour la marche active : tenez-vous droit, les épaules fières, gainez les abdominaux, aidez-vous de vos bras pour faire monter la fréquence cardiaque, et donnez de l'amplitude à vos mouvements. Vous pourrez difficilement parcourir 20 km fictifs dans cette configuration (à quand une épreuve de marathon sur place ?), Mais l'exercice est facile à intégrer au sein d'une séance de hiit ou d'un training intérieur.

La marche montées de genoux

NIVEAU LELEU : 1

Vous pouvez aussi aller plus loin dans votre entraînement de marche rapide en intérieur : pour ce faire, exagérez l'ensemble des mouvements pour que lors du pas, le genou monte le plus haut possible. L'impulsion des bras est également plus forte. Vous ressemblez à un pantin très articulé, et c'est bon pour les cuisses, les abdominaux (toujours gainés), et également pour améliorer la souplesse de vos hanches (A & B).

- Pour aller plus loin, enchaînez les impulsions le plus rapidement possible, tout en veillant bien sûr à toujours garder une bonne posture.

Travailler son « core »

Le gainage genoux

NIVEAU LELEU : 1

Le gainage est un exercice répandu, et pour cause : il est très efficace pour gainer vos abdominaux profonds et peut être particulièrement intéressant en complément de vos séances de cardio. Mais encore faut-il soigner sa posture !

1. Allongez-vous sur le ventre, pieds joints, placez vos avant-bras sur le tapis, puis montez vos fessiers en gardant vos genoux au sol. Le dos est droit, les abdominaux sont serrés, et la tête reste dans l'alignement de la colonne. Faites bien attention à ne pas vous cambrer, essayez de faire une belle ligne depuis le creux de vos genoux jusqu'au sommet de votre tête et vérifiez que vos coudes soient bien placés, sous la ligne des épaules.

2. Relâchez doucement en retrouvant une position relâchée.

Le gainage simple

NIVEAU LELEU : 2

1. Allongez-vous sur le ventre, jambes au sol, pieds joints, placez vos avant-bras sur le tapis, puis montez vos fessiers. Le dos est droit, les abdominaux sont serrés, et la tête reste dans l'alignement de la colonne. Faites bien attention à ne pas vous cambrer, essayez de faire une belle ligne depuis la pointe de vos talons jusqu'au sommet de votre tête et vérifiez que vos coudes soient bien placés, sous la ligne des épaules (A).

2. Relâchez doucement en retrouvant une position relâchée, genoux au sol.

Le gainage dynamique

NIVEAU LELEU : 3

A

B

C

1. Placez-vous en position de gainage simple, sur les coudes, en suivant les conseils pratiques donnés pour l'exercice précédent (A).

2. Levez doucement la jambe droite, puis reposez le pied au sol (B).

3. Levez maintenant la jambe gauche, puis reposez le pied au sol (C).

4. Alternez le mouvement à une allure régulière comme un métronome. Les hanches restent face au sol et le dos est bien droit. Vous perdez ainsi tour à tour l'aide d'un appui au sol et vos abdominaux profonds travailleront donc davantage à chaque fois.

La planche statique

NIVEAU LELEU : 1

1. Placez-vous en position de gainage simple, sur les coudes, en suivant les conseils pratiques donnés page 219 (A).

2. Augmentez maintenant légèrement la difficulté et montez sur vos mains en gardant toujours le dos droit (B). Vos hanches restent fixes et face au sol.

3. Restez dans cette posture le plus longtemps possible, puis relâchez doucement en retrouvant une position relâchée, sur les genoux.

La planche dynamique

NIVEAU LELEU : 2

1. Placez-vous en position de planche statique, sur les mains, en suivant les conseils pratiques donnés pour l'exercice précédent (A).

2. Levez le genou gauche en le rapprochant de la poitrine et en allant chercher loin, vers le poignet droit. Les hanches restent droites et ne tournent pas pour accompagner le mouvement, les abdominaux sont gainés face au sol. La jambe droite reste tendue, pied au sol. Faites encore et toujours attention à ne pas vous cambrer (B).

3. Ramenez le pied gauche en position de planche statique.

4. Répétez le mouvement avec l'autre jambe (C).

C
Répétez
le mouvement
avec l'autre jambe

La planche bras alternés

NIVEAU LELEU : 2

1. Placez-vous en position de planche statique, sur les coudes, en suivant les instructions données page 221 (A).

2. L'objectif est d'alterner la position de planche sur les coudes, et de planche sur les mains. Pour ce faire, commencez par positionner la main droite sur le sol, en vous servant de l'appui du coude opposé (B). Puis faites la même chose avec le bras gauche. Le poids de votre corps repose désormais sur vos deux pieds et vos deux mains, soutenus par vos abdominaux toujours gainés. Comme d'habitude, faites bien attention à ne pas vous cambrer (C).

3. Reposez le coude droit sur le tapis, puis le coude gauche.

4. Entre chaque mouvement, le rythme doit être régulier.

Le mountain climber

NIVEAU LELEU : 3

1. Placez-vous en position de planche statique, sur les mains, en suivant les conseils pratiques donnés pour l'exercice précédent (A).

2. L'objectif est ici de reproduire la planche dynamique expliquée page 222, en accélérant l'enchaînement des mouvements pour faire monter davantage votre fréquence cardiaque.

3. Levez donc le genou gauche en le rapprochant de la poitrine et en allant chercher loin, vers le poignet droit. Les hanches restent droites et ne tournent pas pour accompagner le mouvement, les abdominaux sont gainés face au sol. La jambe droite reste tendue, le dos est droit. Faites encore et toujours attention à ne pas vous cambrer (B).

4. Cette fois, n'attendez pas de ramener votre pied gauche au sol pour lancer votre jambe droite. Vos deux jambes se croisent de sorte que pendant une fraction de seconde, vous n'avez plus d'appui au sol à part vos mains.

5. Dès qu'un de vos pieds touche le sol, décollez-le donc de nouveau pour ramener le genou correspondant jusqu'à la poitrine. Répétez le mouvement en alternant chaque côté et augmentez la cadence au maximum, tout en restant attentif à votre position. Il est normal que vos fessiers se lèvent un peu à cause de l'impulsion et de la dynamique de l'enchaînement (C).

La pompe genoux

NIVEAU LELEU : 1

1. Allongez-vous sur le ventre, jambes au sol légèrement écartées, placez vos mains sur le tapis. Gardez appui sur vos genoux puis montez vos fessiers jusqu'à former une ligne droite du sommet de votre tête jusqu'au creux de vos genoux. Comme pour la planche statique, le dos est droit, les abdominaux sont serrés et la tête reste dans l'alignement de la colonne. Faites bien attention à ne pas vous cambrer et vérifiez que vos mains soient bien placées, sous la ligne des épaules (A).

2. Descendez en pompe en fléchissant les bras sur les côtés, la poitrine entre les mains. Challengez-vous en essayant d'approcher au maximum votre buste du sol (B).

3. Remontez doucement vers votre position de base.

La pompe

NIVEAU LELEU : 2

1. Placez-vous en position de planche statique, sur les mains, en suivant les instructions données page 221 (A).

2. Descendez en pompe en fléchissant les bras sur les côtés, la poitrine entre les mains. Challengez-vous en essayant d'approcher au maximum votre buste du sol (B). Là encore, le dos n'est jamais cambré, les épaules sont basses, les fessiers ne tombent pas vers le sol mais ne s'élèvent pas trop non plus afin qu'on puisse tracer une ligne droite depuis la pointe de vos talons jusqu'au sommet de votre tête.

3. Remontez en planche, en gardant toujours les abdominaux gainés.

4. Relâchez doucement en retrouvant une position détendue, sur les genoux.

A

B

Aller plus loin avec du petit matériel

Haltères de 1, 2 ou 3 kilos, tubing à résistances variables ou simplement une chaise… Voici quelques combinaisons d'exercices pour travailler facilement chez soi ou en salle. Il s'agit ici de renforcement musculaire, des enchaînements qui vous aideront à vous tonifier, et qui représentent d'excellents compléments pour vous aider à progresser dans différentes disciplines (course à pied, natation, vélo, etc.).

Avec une chaise

Les dips

NIVEAU LELEU : 3

1. Asseyez-vous sur une chaise, mains au bord de l'assise. Les pieds sont posés au sol, à la largeur des hanches, loin devant vous.

2. En prenant appui sur vos bras, déplacez vos fessiers légèrement vers l'avant de façon à rester en position assise... Dans le vide (A) ! Vos genoux sont fléchis en angle droit, votre poids est soutenu par vos bras et par vos talons.

3. Fléchissez vos coudes doucement (ils restent le plus serré possible) et approchez vos fessiers du sol (B). Attention à ne pas faire basculer la chaise vers l'avant : vos bras restent forts sur leurs appuis.

4. Remontez délicatement en position de base sans tendre tout à fait les coudes pour protéger les articulations.

Avec un tubing

Le tubing est un élastique équipé de poignées aux deux extrémités. Il est décliné en différentes forces de résistance, généralement différenciées par la couleur du caoutchouc. Cet accessoire est très pratique car il permet de travailler la plupart des blocs musculaires et de reproduire des mouvements souvent exécutés avec des haltères... Et en plus, c'est moins lourd à transporter et c'est plus facile à ranger dans ses tiroirs ! Commencez avec un tubing à faible résistance, puis augmentez progressivement la difficulté.

L'élévation latérale fessiers

NIVEAU LELEU : 1, 2, 3 selon la résistance du tubing

1. Placez-vous debout, prenez les poignées du tubing en main et coincez le corps de la partie élastique sous vos pieds. Passez la partie du tubing tenue par votre main droite dans votre main gauche et inversement, afin que l'élastique forme une croix devant vous. Vos mains sont en pronation (paumes tournées vers l'avant des cuisses), au niveau de vos hanches de sorte que vos bras soient légèrement fléchis. Vos pieds sont ouverts à la largeur du bassin (A).

2. Fléchissez vos genoux et levez la jambe droite sur le côté. L'élastique s'étire et crée une forte résistance, très intéressante pour faire travailler vos fessiers et vos abdominaux. Le poids du corps repose majoritairement sur le talon gauche, la jambe d'appui est forte. Les hanches et le buste ne sont pas à l'origine du mouvement et restent fixes. Le dos est droit et ne se cambre pas, les abdominaux sont gainés (B).

Ramenez doucement votre jambe droite vers la position de base, sans poser complètement le pied au sol

Répétez l'enchaînement

Avec un tubing

L'extension arrière

NIVEAU LELEU : 1, 2, 3 selon la résistance du tubing

1. Placez-vous debout, prenez les poignées du tubing en main et coincez le corps de la partie élastique sous vos pieds. Passez la partie du tubing tenue par votre main droite dans votre main gauche et inversement, afin que l'élastique forme une croix devant vous. Vos mains sont en pronation (paumes vers les cuisses), au niveau de vos hanches de sorte que vos bras soient légèrement fléchis. Vos pieds sont ouverts de la largeur du bassin (A).

2. Fléchissez vos genoux et levez la jambe gauche sur l'arrière. L'élastique s'étire et crée une forte résistance, très intéressante pour faire travailler vos fessiers et vos abdominaux. Le poids du corps repose majoritairement sur le talon droit, la jambe d'appui est forte. Les hanches et le buste ne sont pas à l'origine du mouvement, restent fixes et ne tournent pas vers la gauche. Le dos est droit et ne se cambre pas, les abdominaux sont gainés (B).

3. Ramenez doucement votre jambe droite vers la position de base, sans poser complètement le pied au sol.

4. Répétez l'enchaînement en inversant la jambe d'appui.

Avec un tubing

La marche en crabe

NIVEAU LELEU : 1, 2, 3 selon la résistance du tubing

1. Placez-vous debout, prenez les poignées du tubing en main et coincez le corps de la partie élastique sous vos pieds. Passez la partie du tubing tenue par votre main droite dans votre main gauche et inversement, afin que l'élastique forme une croix devant vous. Vos mains sont en pronation (paumes vers les cuisses), au niveau de vos hanches de sorte que vos bras soient légèrement fléchis. Penchez-vous légèrement vers l'avant, genoux fléchis, pieds ouverts à la largeur du bassin (A).

2. Levez la jambe droite pour faire un grand pas sur le côté. L'élastique s'étire et crée une forte résistance, très intéressante pour faire travailler vos fessiers et vos abdominaux. Les hanches et le buste ne sont pas à l'origine du mouvement et restent fixes. Le dos est droit et ne se cambre pas, les abdominaux sont gainés (B).

3. Posez le pied au sol, le plus loin possible malgré la résistance de l'élastique. Refermez légèrement le pas à l'aide de la jambe gauche de sorte que vos pieds retrouvent maintenant un écart à la largeur des hanches (C).

4. Répétez l'enchaînement : vous avancez latéralement à la manière du crabe !

Avec un tubing

Le tirage menton

NIVEAU LELEU : 1, 2, 3 selon la résistance du tubing

1. Placez-vous debout, prenez les poignées du tubing en main et coincez le corps de la partie élastique sous vos pieds. Passez la partie du tubing tenue par votre main droite dans votre main gauche et inversement, afin que l'élastique forme une croix devant vous. Vos mains sont placées en pronation (paumes vers les cuisses) au niveau des hanches (A).

2. Montez vos coudes vers le plafond. L'élastique s'étire et crée une forte résistance, très intéressante pour faire travailler vos épaules (B). Éviter de hausser les épaules ou de vous cambrer malgré le mouvement de tirage, gardez le dos droit et les abdominaux gainés.

3. Redescendez vos bras pour retrouver votre position de base.

Avec un tubing

L'élévation latérale

NIVEAU LELEU : 1, 2, 3 selon la résistance du tubing

1. Placez-vous debout, prenez les poignées du tubing en main et coincez le corps de la partie élastique sous vos pieds. Passez la partie du tubing tenue par votre main droite dans votre main gauche et inversement, afin que l'élastique forme une croix devant vous. Penchez-vous un peu vers l'avant en écartant légèrement vos bras. Vos mains se font face (A).

2. Ouvrez plus largement vos bras sur les côtés. L'élastique s'étire et crée une forte résistance, très intéressante pour faire travailler votre dos, l'arrières de vos épaules (deltoïdes) et vos abdominaux. Seuls les bras bougent, et la force exercée ne doit pas être accompagnées par un haussement d'épaules (elles restent basses), ni par des à-coups du buste vers le haut (B). Le dos reste droit et ne se cambre pas malgré le mouvement des bras, les abdominaux sont serrés.

3. Refermez doucement vos bras pour retrouver votre position de base.

Avec un tubing

L'élévation frontale

NIVEAU LELEU : 1, 2, 3 selon la résistance du tubing

1. Placez-vous debout, prenez une poignée du tubing dans votre main droite, en pronation (paume vers la cuisse) et coincez le corps de la partie élastique sous votre pied droit. La main gauche repose sur la hanche pour s'assurer qu'elle reste fixe (A).

2. Montez doucement votre bras devant vous. L'élastique s'étire et crée une forte résistance, très intéressante pour faire travailler votre dos, vos épaules et vos abdominaux. Seul le bras bouge, et la force exercée ne doit pas être aidée par un haussement d'épaules (elles restent basses), ni par des à-coups du buste vers l'avant (B). Le dos reste droit et ne se cambre pas malgré le mouvement des bras, les abdominaux sont serrés.

3. Redescendez doucement le bras pour retrouver votre position de base.

4. Changez de bras et répétez l'enchaînement.

Avec un tubing

Le biceps curl

NIVEAU LELEU : 1, 2, 3 selon la résistance du tubing

5. Placez-vous debout, prenez les poignées du tubing, mains en supination (paumes vers le ciel) et coincez le corps de la partie élastique sous vos pieds, écartés à la largeur des hanches. Les genoux sont légèrement fléchis, le dos est droit, les coudes serrés contre vous (A).

6. Fléchissez les coudes afin de monter doucement vos avant-bras vers le ciel. L'élastique s'étire et crée une forte résistance, très intéressante pour faire travailler votre dos, vos biceps et vos abdominaux. Seuls les avant-bras bougent, les coudes restent serrés, la force exercée ne doit pas être aidée par un haussement d'épaules (elles restent basses), ni par des à-coups des hanches vers l'avant (B). Le dos reste droit et ne se cambre pas malgré le mouvement des bras, les abdominaux sont serrés.

7. Redescendez doucement les avant-bras pour retrouver votre position de base.

8. Répétez l'enchaînement.

Avec des haltères

Le squat

NIVEAU LELEU : 1

1. Placez-vous debout, les pieds légèrement plus écartés que la largeur de vos hanches, pointes de pieds vers l'extérieur. Prenez vos haltères en main, bras le long du corps, paumes face aux cuisses. Le dos est droit et le regard loin devant vous (A).

2. Fléchissez les jambes comme si vous cherchiez à vous asseoir sur une chaise invisible. Les bras descendent avec le mouvement. Le poids des haltères augmente la difficulté de l'exercice. Pour vous assurer que votre position est correcte, il est important de vérifier que vos pieds soient bien placés sous vos genoux (ni trop en avant, ni trop en arrière, pour ne pas abîmer les articulations) (B).

3. Pour plus de sensations, essayez de descendre le plus bas possible, en approchant vos fesses au plus près du sol, toujours en maintenant le dos droit et les abdominaux gainés.

4. Remontez doucement vers le haut, sans tendre tout à fait les jambes, mais en gardant les genoux très légèrement fléchis.

Avec des haltères

La fente

NIVEAU LELEU : 1

1. Placez-vous debout, jambe droite devant et jambe gauche derrière, pieds écartés à la largeur des hanches. Prenez vos haltères en main, bras le long du corps, paumes face aux cuisses. Le dos est droit, les abdominaux sont serrés, et le poids du corps doit être centré. À l'arrière, l'appui se fait sur la pointe du pied gauche (A).

2. Descendez en fente en fléchissant les genoux, poids du corps sur le talon droit. Les bras descendent avec le mouvement. Le poids des haltères augmente la difficulté de l'exercice. Pour vous assurer que votre position est correcte, il est important de vérifier que votre pied droit soit placé sous votre genou (ni trop en avant, ni trop en arrière, pour ne pas abîmer l'articulation) (B).

3. Challengez-vous en essayant de rapprocher au maximum votre genou arrière du sol.

4. Redressez-vous (de retour à la position de base) puis ramenez votre jambe gauche au niveau de votre jambe avant, pieds écartés à la largeur des hanches. Répétez l'exercice de l'autre côté, jambe gauche devant.

Avec des haltères

Les tirages menton

NIVEAU LELEU : 1, 2, 3 selon le poids des haltères choisies

1. Placez-vous debout, prenez les haltères, bras le long du corps et mains en pronation (paumes vers les cuisses) (A).

2. Montez vos coudes vers le plafond (B). Évitez de hausser les épaules ou de vous cambrer malgré le mouvement de tirage, gardez le dos droit et les abdominaux gainés.

3. Redescendez vos bras pour retrouver votre position de base.

Avec des haltères

L'élévation latérale

NIVEAU LELEU : 1, 2, 3 selon le poids des haltères choisies

1. Placez-vous debout, prenez les haltères et penchez-vous un peu vers l'avant en écartant légèrement vos bras. Vos mains se font face.

2. Ouvrez plus largement vos bras sur les côtés. Seuls les bras bougent et la force exercée ne doit pas être aidée par un haussement d'épaules (elles restent basses), ni par des à-coups du buste vers le haut. Le dos reste droit et ne se cambre pas malgré le mouvement des bras, les abdominaux sont serrés.

3. Refermez doucement vos bras pour retrouver votre position de base.

Avec des haltères

L'élévation frontale

NIVEAU LELEU : 1, 2, 3 selon le poids des haltères choisies

1. Placez-vous debout, prenez les haltères, mains en pronation (paume vers les cuisses) (A).

2. Montez doucement vos bras devant vous. Seuls les bras bougent, et la force exercée ne doit pas être aidée par un haussement d'épaules (elles restent basses), ni par des à-coups du buste vers l'avant (B). Le dos reste droit et ne se cambre pas malgré le mouvement des bras, les abdominaux sont serrés.

3. Redescendez doucement le bras pour retrouver votre position de base.

4. Répétez l'enchaînement.

Avec des haltères

Le biceps curl

NIVEAU LELEU : 1, 2, 3 selon le poids des haltères choisies

1. Placez-vous debout, prenez les haltères, mains en supination (paumes vers le ciel). Vos pieds sont écartés à la largeur des hanches, les genoux sont légèrement fléchis, le dos est droit, les coudes serrés contre vous (A).

2. Fléchissez les coudes de façon à monter doucement vos avant-bras vers le ciel. Seuls les avant-bras bougent et la force exercée ne doit pas être aidée par un haussement d'épaules (elles restent basses), ni par des à-coups des hanches vers l'avant (B). Le dos reste droit et ne se cambre pas malgré le mouvement des bras, les abdominaux sont serrés.

3. Redescendez doucement les bras pour retrouver votre position de base.

4. Répétez l'enchaînement.

Avec des haltères

Le triceps extension

NIVEAU LELEU : 1, 2, 3 selon le poids des haltères choisies

1. Placez-vous debout, une jambe vers l'avant, genou légèrement fléchi. Prenez les haltères et montez vos bras au-dessus de votre tête jusqu'au niveau de l'arrière des oreilles. Les haltères se touchent et vos mains se font face. Les pieds sont écartés à la largeur des hanches, le poids du corps appuyé légèrement sur la jambe avant, le dos est droit (A).

2. Fléchissez vos coudes et descendez les haltères vers la nuque. L'important ici est de garder les coudes serrés malgré le mouvement (B).

3. Remontez vos avant-bras pour retrouver votre position d'origine.

2KG
7KG
6KG
7KG

S'étirer

Étirement du dos

Placez-vous sur les genoux, reposez vos fesses sur vos pieds et venez poser votre front puis vos mains sur le tapis devant vous. L'objectif est ici d'aller chercher le plus loin possible avec vos doigts : essayez de grappiller toujours plus de centimètres vers l'avant. Cette position vous permet un relâchement général du corps, avec un étirement accentué sur les dorsaux.

Étirement des triceps

Placez-vous debout, le dos droit, genoux souples. Tendez votre bras droit vers le plafond, puis fléchissez votre coude pour descendre votre main droite jusqu'à la nuque. Avec l'aide de votre main gauche, appuyez doucement sur votre coude droit pour accentuer l'étirement. Faites la même chose de l'autre côté.

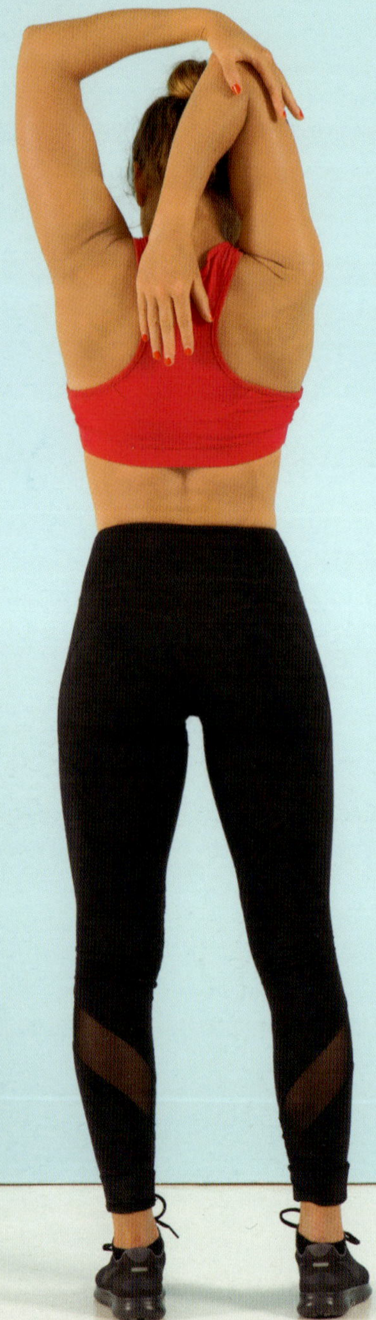

Étirement des pectoraux

Placez-vous debout, les genoux souples. Crochetez vos deux mains derrière votre dos, bras tendus. Tout en restant droit, essayez de monter vos mains le plus haut possible, sans trop vous pencher vers l'avant.

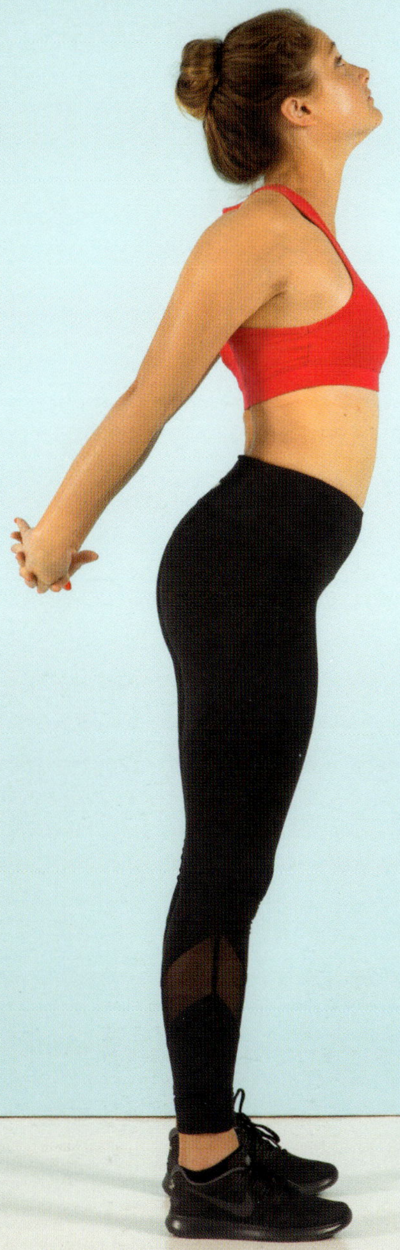

Relâchement bas du dos

Allongez-vous sur le dos, rapprochez vos deux genoux joints de votre poitrine. Placez vos mains sur vos tibias, puis relâchez le bas du dos. Accentuez l'étirement en exerçant une pression avec vos mains pour ramener davantage vos cuisses vers votre buste. Balancez-vous légèrement de droite à gauche pour masser doucement vos lombaires.

Étirement chaîne postérieure

Allongez-vous sur le dos, ramenez vos deux genoux au niveau de la poitrine, puis basculez vers la gauche. Avec le bras gauche, venez chercher votre genou droit et essayez de l'amener vers le sol, par-dessus votre genou gauche. Pour aller plus loin, tendez votre jambe droite, et tournez votre regard vers la droite. Vous sentez l'étirement au niveau du dos et des fessiers. Faites la même chose de l'autre côté.

Étirement ischios

Allongez-vous sur le dos, rapprochez le genou gauche de votre poitrine. Placez vos mains sur votre tibia, puis relâchez le bas du dos. Accentuez l'étirement en exerçant une pression pour ramener davantage votre cuisse gauche vers votre buste. Recommencez de l'autre côté.

Merci à mes parents à qui je dois tout, mon frère, ma sœur
et mes grands-parents pour leur soutien sans faille.

Merci à mes amis Thomas, Julien, Charles, Marie-Laure, François,
Carmen, Chris, Abder, Sylvette, Éric et Thibaud, qui m'aident
à aller toujours plus loin dans mes projets sportifs et rendent la vie si drôle.
Sans eux il n'y aurait pas d'histoire à écrire.

Merci à Chloé, qui m'accompagne chaque jour dans ces folles aventures,
dans l'ombre, à force de nombreuses nuits blanches,
et qui m'a aidée à poser des mots sur ce que je souhaitais raconter.

Merci à Magali de m'aider à me rapprocher un peu plus de mes rêves,
de me conseiller, de me soutenir, et de me prendre sous son aile.

Merci à Amélie, pour son sourire, sa bienveillance et sa compréhension.
Merci à Agnès, à Lauriane, et à toutes les équipes Marabout qui ont participé à ce projet.

Merci à Kévin, de la boutique Giant Notre Dame, pour le soutien,
le super équipement de vélo et les conseils pratiques.

Merci à MyProtein, mon fidèle sponsor.

Merci à vous, mes abonnés. Merci pour vos mots, vos encouragements,
vos sourires, vos noix de cajou et vos fraises Tagada. Vous m'apportez chaque jour
un peu plus de détermination, de motivation, et de bonheur…

PAPIER À BASE DE FIBRES CERTIFIÉES

MARABOUT
s'engage pour l'environnement
en réduisant l'empreinte carbone
de ses livres.
Celle de cet exemplaire est de :
1,7 kg éq. CO_2
Rendez-vous sur
www.marabout-durable.fr

Imprimé en Espagne par Estella en mars 2018
pour le compte des Editions Marabout (Hachette Livre),
58 rue Jean Bleuzen, 92178 Vanves Cedex.

Dépôt légal: février 2018

978-2-501-12200-9

6428969/02